KB040480

조선의 왕과 궁궐귀신 이야기

조선의 왕과 궁궐귀신 이야기

초판 발행 2022년 11월 30일

지은이 | 김용관
발행인 | 권오현

펴낸곳 | 돋을새김
주소 | 경기도 고양시 일산동구 하늘마을로 57-9 301호 (중산동, K시티빌딩)
전화 | 031-977-1854 팩스 | 031-976-1856
홈페이지 | http://blog.naver.com/doduls 전자우편 | doduls@naver.com
등록 | 1997.12.15. 제300-1997-140호
인쇄 | 금강인쇄(주)(031-943-0082)

ISBN 978-89-6167-330-3 (03900)
Copyright ⓒ 2022, 김용관

값 14,000원

*잘못된 책은 구입하신 서점에서 바꿔드립니다.
*이 책의 출판권은 도서출판 돋을새김에 있습니다. 돋을새김의 서면 승인 없는
무단 전재 및 복제를 금합니다.

조선의 왕과 궁궐귀신 이야기

김용관 지음

돋을새김

수년 전에 귀신과 관련된 역사책이 출간되었다는 소식을 듣고 득달같이 서점으로 달려갔다. 하지만 그 내용을 살펴본 나는 곧 실망하고 말았다. 기대했던 것과는 달리 주로 학술적이고 형이상학적인 내용을 담고 있었기 때문이었다. 많이 아쉬웠다. 그러다 문득 조선왕조실록에 귀신에 관한 기록이 없을까? 하는 호기심이 발동했다.

오랫동안 귀신에 대해 관심을 가지고 있던 나는 그때부터 조선왕조실록을 뒤지기 시작했다. 그리고 그곳에서 귀신 이야기를 풀어나갈 수 있는 실마리들을 발견할 수 있었다. 의외로 귀신과 기이한 사건들에 대한 기록이 풍부했던 것이다.

하지만 18세기 숙종 후반 이후에는 조선왕조실록의 그 어느 곳에서도 귀신에 관한 이야기를 찾아볼 수 없었다. 그 시기 이후로 귀신들이 모두 자취를 감춘 것은 아닐 터. 여러 가지 다양한 자료를 통해 그 이유를 확인할 수 있었다. 그 무렵부터 유교이념이 확립되면서 사관들 역시 귀신의 존재를 철저히 부정하고 마음이 만들어낸 허상일 뿐이라고 단정했기 때문이다.

이 책은 조선왕조실록에 기록되어 있는 귀신 혹은 도깨비에 관한 이야기들을 통해 조선왕조의 어두운 이면사를 새롭게 풀어쓴 것이다. '왕과 귀신', 절대권력을 쥐고 있던 왕과 그 실체를 확인할 수 없는 귀신과의 조우가 400여년간 이어졌다는 것은 매우 흥미로운 기록이다.

집필을 하면서도 쉽게 몰입이 될 정도로 흥미진진했고, 역사와 권력 그리고 권력자에 대한 많은 상상과 추론도 하게 되었다.

독자 여러분들에게도 그러한 경험을 제공할 수 있게 된다면 더 바랄 것이 없겠다. 또한 지금 창작을 업으로 삼고 있거나 역사를 공부하는 사람들에게도 이 책이 소중한 자료로 활용된다면 좋겠다.

김용관

| 차례 |

부엉이와 밝은 눈을 가진 아이

＊

부엉이 울음소리를 가만히 듣고 있으면 음산하고 무섭다. 조선시대, 부엉이 소리가 무섭고 싫어서 도망 다닌 임금이 있었다. 임금은 많은 사람을 죽였다. 살아있는 사람 중에는 무서운 사람이 없다고 했다. 그런데 부엉이는 지나치게 무서워했다. 임금이 가장 무서워했던 것은 한밤 버드나무에 앉아 있는 부엉이였다. 또한 침실 문 앞에서 사람처럼 우두커니 앉아 있는 부엉이도 무서워했다. 부엉이가 없는 곳에서 살고 싶어서 수많은 별궁을 지었지만 부엉이들은 용케도 임금이 숨은 곳을 찾아냈다. 그 임금은 바로 태종 이방원이다. 태종은 계모 신덕왕후가 자신을 노려보는 그 부엉이로 환생했다고 믿고 있었다.

도성에 날아든 부엉이

"부엉~ 부엉, 부엉~ 부엉"

언제부턴가 부엉이가 궁궐 담장에서 울고 있었다. 대궐 담장에서 두 눈을 밝히던 녀석은 갑자기 날개를 길게 펼친 뒤 쏜살같이 날아 먹이를 낚아챈다. 죽음을 맞닥뜨린 먹잇감은 허공을 가르는 비명 소리를 내고 있다. 부엉이가 먹잇감을 포획할 때는 인정사정없다. 먹잇감을 포획할 때의 모습은 마치 하늘의 포식자인 독수리 같으며 침묵 속에 웅크리고 있을 때의 모습은 마치 고양이 같다.

어둠이 안개처럼 스멀스멀 도성 안으로 밀려들면 녀석들은 어느새 산에서 내려와 음습한 기운이 감돌기 시작하는 궁궐 담장에서 궁궐 안과 밖을 지켜보다 갑자기 어딘가를 뚫어져라 바라본다. 어둠이 짙어질수록 녀석들의 눈빛은 더욱 광채를 드러낸다. 부엉이 소리는 밤에 유난히 더 크게 들린다. 침묵이 너무도 촘촘해 숨이 막힐 것 같은 그런 한밤에 노란 달빛처럼 큰 눈을 두리번거리며 나타난 부엉이.

수리부엉이는 올빼미 가운데 가장 크다. 몸길이 70센티미터에 날개를 펼치면 1.5미터에서 2미터까지 덩치가 커진다. 소리를 내지 않고 은밀하게 접근하여 먹잇감을 포획하는 능력은 새들 가운데 단연 최고다.

옛날 사람들은 부엉이를 묘두응貓頭鷹이라 불렀다. 머리 위 양쪽에 귀 모양의 깃털 묶음인 뿔귀[羽角]가 있어 '고양이 머리를 한 매'라는 표현이 딱 맞다. 그리고 무언가를 가만히 바라볼 때 부엉이의 눈빛은 고양이의 눈빛과 매우 흡사하다. 달이 밝은 밤에 달처럼 밝은 눈을 반짝이며 세상을 묘하게 바라보는 부엉이. 그들의 눈은 스스로 빛을 조절하는 능력을 가지고 있다. 노란빛을 띠다가 집중하면 붉은빛으로 변

14

하는데, 분노와 광기를 내뿜는 듯한 부엉이의 눈은 횃불처럼 활활 타오른다. 그래서 밤에 부엉이의 눈을 보면 두렵고 무서운 것이다. 부엉이는 바람결에 옷자락이 날리는 소리도 감지하는 예민한 귀를 가지고 있기도 하다. 귀를 세우고 밤새 나무 위나 담장 위 혹은 궁궐 처마 위에 어처구니처럼 앉아 있는 부엉이의 모습은 마치 귀신 같다.

부엉이의 발가락은 네 개다. 발가락에는 날카로운 발톱이 있어 자기 덩치보다 큰 먹잇감도 일단 잡았다 하면 놓치지 않는다. 매처럼 빠르지는 않지만 귀신도 모르게 은근하게 날아와서 돌아다니는 쥐나 나뭇가지에서 졸고 있던 다른 새들을 한순간에 기절시키고 내장을 파먹는다.

옛날부터 사람들은 부엉이의 울음소리를 싫어했다. 그런 흉조를 조선왕조 초기의 사관들은 왜 그렇게 민감하게 기록했을까?

부엉이가 처음《조선왕조실록》에 등장하는 것은 1398년(태조 7년) 9월 10일, 제1차 왕자의 난이 일어난 뒤 열나흘이 된 날이다. 태조 이성계가 "밤에 부엉이가 경복궁 북원에 나타나 울므로 거처를 양정(지금의 경회루 자리)으로 옮겼다"고 기록돼 있다. 북악산을 맴돌던 부엉이가 밤늦은 시각 이성계의 처소 앞에서 사납게 울자 임금이 거처를 옮긴 것이다.

그 뒤로도《실록》은 부엉이의 출현을 심심치 않게 기록하고 있다. 〈정종실록〉에는 부엉이가 궁궐 안으로 날아와 요란하게 울어 임금이 불안해했다고 일곱 차례나 기록되어 있다. 특히 1400년(정종 2년) 8월 21일에는 부엉이가 울자 스님들 열네 명을 정전에 데려다가《금강경》을 암송하게 했다고 적고 있다.

그렇게 부엉이의 출현을 불길한 징조 혹은 한을 품고 죽은 영혼들의 저주처럼 여기던《실록》의 기록은 한동안 나타나지 않다가 1532년(중종 27년) 10월 11일에 다시 등장한다. 그날《실록》에는 종묘에서 임금이 제례를 막 올리려는 순간 종묘 바깥 소나무 숲에서 갑자기 부엉이가 울기 시작했다고 기록되어 있다. 그리고 제례가 끝나자 부엉이의 울음소리도 끝났다고 한다.

서양에서 부엉이는 지혜의 상징이다. "미네르바의 부엉이는 황혼녘이 되면 날아오른다"는 헤겔의 말은 아주 유명하다. 헤겔이 말한 미

16

네르바의 부엉이는 철학하는 자의 자세를 말함일 것이다. 새로운 세상을 알리기 위해 해가 진 뒤 황혼녘 어둠 속에서 밤새 울고 있는 부엉이. 하지만 동양에서는 부엉이를 좋지 않은 일을 예견하는 새 혹은 누군가의 저주를 품고 날아오르는 새로 인식했다.

그래서 그랬을까? 《조선왕조실록》의 사관은 부엉이의 출현을 마치 암호처럼 기록하고 있다. 사관의 기록은 쿠데타로 정권을 잡은 권력자에 대한 일종의 반감일지 모른다. 태종이 부엉이를 피해 다닌 것은 자신의 죄책감 때문일 것이다.

《시경詩經》〈빈풍〉 편에는 이런 시가 있다.

부엉이야! 부엉이야!   鴟鴞鴟鴞

이미 내 새끼 잡아먹었으니   旣取我子

우리 집 허물지 말아다오.   無毁我室

알뜰살뜰 사랑하였는데   恩斯勤斯

어린자식 불쌍하다.   鬻子之閔斯

《시경》의 이 구절 때문에 부엉이 소리가 아들을 모두 잃은 신덕왕후의 목소리로 들렸을 것이다.

'내 아들 둘을 잡아먹었으니 내가 살던 집에서 나가다오.'

신덕왕후는 태종 이방원을 쫓아다니며 그렇게 저주를 퍼부었을 것이다. 그래서 그토록 임금은 부엉이를 피해 도망 다닌 것이다.

옛날 중국에서는 부엉이가 부모를 잡아먹는 새라고 잘못 알려져 있었다. 어린 새끼를 둥지에 놓고 어미가 열심히 먹이를 물어다 키우면 그 새끼가 나중에 어미를 잡아먹는다고 알려진 것이다.

부엉이에 대한 오해는 여러 가지다. 옛날 사람들에게는 '부엉' 하는 울음소리가 '부음訃音'으로 들렸을까? 부엉이가 운 다음 날에는 마을에 초상이 난다는 속설도 전한다. 그래서 액운을 잠재우기 위해 나무 위에 부엉이를 매달기도 했다. 효수梟首의 '효梟' 자는 '나무 목木' 자와 '새 조鳥' 자가 결합된 글자로, '나무 위에 새를 매단다'는 뜻이다.

왕자의 난과 부엉이

1396년(태조 5년) 8월 13일, 왕비 신덕왕후 강씨가 죽었다.

신덕왕후가 죽기 한 해 전부터 태조 이성계의 전처인 신의왕후 한씨의 소생 이방원과 두 번째 부인인 신덕왕후 강씨 사이에는 극한 대립이 있었다. 조선이 개국한 뒤 신의왕후의 기일인 매년 9월 23일에는 시장도 정지하고 조회도 정지했다. 하지만 1394년부터는 그런 것도 사라졌다. 이에 이방원은 계모를 극렬히 비난했다. 신덕왕후 강씨는 종종 스트레스를 과하게 받으면 자리에 누웠고 그때마다 태조의 지극한 병간호를 받았다.

　태조 이성계와 왕비 신덕왕후 강씨는 처음 우물가에서 만났다. 강씨는 물 한 잔 달라는 이성계의 말에 두레박으로 물을 퍼 올린 뒤 재치 있게 버들잎 한 장을 띄워주었다. 물을 마시다가 체할 수 있으니 천천히 마시라는 뜻이었다. 강씨의 영특함과 재치에 반한 이성계는 강씨를 아내로 취한다.

　우물가에서 이렇게 총명한 여인을 만난 것은 이성계에겐 큰 행운이었다. 큰 야망을 가진 그는 이미 기울어가고 있던 고려에서 차세대 지도자로 부상하고 있었다. 용맹했던 그는 무장武將으로서 전쟁터 곳곳에서 전설 같은 무공들을 세웠지만 정치적 배경이 없었다. 아무리 뛰어난 장수라도 문벌귀족들과 접촉하지 않으면 출세하기 힘든 시대였다. 하지만 두 번째 아내인 강씨는 함경도 변방 출신 장수인 이성계를 임금의 자리까지 올리는 데 헌신적인 내조를 하였다. 마흔이 넘은 나이에 만난 여인에게 푹 빠진 이성계는 첫 번째 아내를 멀리했다. 어린 시절 멋모르고 결혼한 여인은 자신의 출세와는 하등 상관없는 여인이었다.

　이성계는 강씨에게서 아들 둘과 딸 하나를 얻었다. 그래서 전처소생인 여섯 아들과 두 딸은 자연 찬밥신세가 됐다. 장성한 그들은 아버지가 새로운 나라를 건설하는 데 저마다 한몫을 톡톡히 했다. 특히 다섯째 아들 이방원의 공이 컸으므로 모두 이방원이 아버지의 뒤를 이을 세자가 될 것이라 생각했다. 그런데 계모와 정도전이 이런 예상을 뒤엎고 계모에게서 난 막내아들 방석을 세자로 밀어붙인 것이다.

신덕왕후의 갑작스런 죽음은 이방원과 깊은 관련이 있었다. 이에 대해서는 여러 설이 있는데 효빈 김씨와 얽힌 이야기가 설득력이 있다. 효빈 김씨는 원래 신덕왕후 강씨의 시녀였다. 그런데 이방원이 김씨의 미모에 반해 계모에게서 김씨를 빼앗다시피 하여 자신의 집으로 데려온 것이다. 김씨가 이방원의 집으로 올때 이미 뱃속에는 이방원의 아이가 자라고 있었다. 그 아이가 바로 태종의 서장자인 경녕군 이비다. 전처의 자식에게 여종을 빼앗긴 신덕왕후는 결국 화병으로 시름시름 앓다가 죽은 것이다.

1396년 6월 25일부터 28일까지 나흘 동안 북악산을 감돌던 안개가 걷히지 않았다. 이 무렵은 신덕왕후와 이방원의 대립이 극심했던 시기였다. 이런 사정을 모르던 이성계는 신궁(경복궁)의 거친 기운 때문에 왕비가 아프다고 생각하고 구궁(개성의 궁궐)으로 왕비를 옮겼다. 하지만 왕비가 임금과 함께 있겠다고 하여 다시 경복궁으로 돌아왔다. 1396년 8월 9일부터 혼미한 상태로 빠져든 신덕왕후는 나흘 뒤인 1396년 8월 13일 배꽃처럼 하얀 얼굴로 남편 품에서 죽었다. 태조는 사랑하는 여인을 품에 안고 오열했다. 몇 날을 울었다. 임금의 울음이 그치자 북악산 아래 경복궁 후원을 중심으로 부엉이들이 요란하게 울었다. 경복궁 주변에는 매일 안개가 자욱했고 음산한 기운들이 궁궐 곳곳에 켜켜이 내려 앉아 있었다. 《실록》에는 그저 "천변지괴天變地怪가 여러 번 나타났다"고 표현되어 있다.

1397년 1월 3일 신덕왕후를 취현방聚賢坊 북쪽 언덕에 장례하고 그곳을 정릉이라 하였다(정릉의 최초 위치는 영국대사관 뒤편쯤이었던 것으로 보인다). 1397년 2월 19일, 죽은 왕비의 영혼을 위로하기 위해 170칸이나 되는 흥천사를 정릉 주변에 세웠다.

신덕왕후 강씨가 죽은 지 햇수로 꼭 2년째, 불길한 사건이 일어날 전조였을까? 1398년 8월 초, 낮에 유난히 태백성(금성)이 자주 나타났다.

그 무렵 명나라가 조선에 무리한 요구를 해오자 명나라와 대등한 수준으로 국력을 회복해야 할 필요가 있다고 판단한 정도전은 중국과 조선의 완충지대이자 여백의 땅이었던 요동을 공략하기로 했다. 고려가 고구려의 땅을 버린 뒤 반도의 약소국 지위에서 벗어나지 못한 한계를 극복하기 위한 조치였다. 하지만 명나라 신진관료들과 친분이 두터웠던 이방원은 조선이 대국 명나라의 우산 아래 조용한 아침의 나라로 자리매김하길 원했다. 1398년 8월 4일, 왕자들이 군사훈련에 참가하지 않는 것을 두고 사헌부에서 탄핵을 하기 시작했다. 정도전의 뜻이 반영된 것이다. 이방원을 비롯한 왕자들이 군사훈련을 받지 않는다면 군령으로 다스리겠다고 정도전이 엄포를 놓았다. 왕실의 위엄을 인정하지 않는다고 생각한 이방원은 화가 났다. 그리고 이제 행동해야 할 때가 온 것이라고 판단했다.

1398년 8월 13일, 신덕왕후 강씨의 막내아들이며 조선의 세자인 방석은 그날 삼년상을 무사히 마친 기념으로 평상복으로 갈아입고 주안상을 받았다. 태조는 그 무렵 중병에 걸려 있었다. 8월 23일, 천둥과 번개가 치고 우박이 내리며 흰 무지개가 떴다. 정변이 일어날 것을 하늘이 예고하고 있었다. 8월 25일, 남두성이 북두성을 침범했다. 삶과 죽음이 뒤엉켜 싸우는 형국이었다. 드디어 하륜이 기다리던 날이 온 것이다. 이성계의 머리가 정도전이라면 이방원의 머리는 하륜이었다. 정도전이 유학에 정통한 학자라면 하륜은 잡학다식하고 아주 냉철한 판단력을 갖춘 인물이었다. 이 싸움은 아직 꿈을 펼치지 못한 하륜이 이미 꿈을 이룬 정도전에게 도전장을 던진 것이었다.

《실록》은 당시 상황을 이방원이 먼저 쿠데타를 일으키려 한 것이 아니라 방번과 방석, 정도전 등이 이방원 등을 궁에 감금하려 연막을 치고 궁궐로 불러들인 것처럼 기술하고 있다. 하지만 《실록》을 찬찬히 읽어보면 이미 이방원의 주변 인물들은 무장한 상태로 궁궐 밖에서 정변을 일으킬 태세를 갖추고 있었다.

8월 26일 저녁 7시 무렵이었다. 저녁을 먹은 이방원은 자신을 따르는 무사들과 측근들을 경복궁의 서쪽 문인 영추문에 대기하게 했다. 영추문 가까이에 살던 이방원은 그날 이상하게 대궐이 캄캄하다고 생각했다. 달도 없는 캄캄한 그날 밤 이방원이 영추문에 들어설 때 부엉이 한 마리가 대궐 담장에서 그를 노려보고 있었을지 모른다. 이방원이 영추문 안으로 들어서자 대궐 문 닫는 소리가 유난히 크게 들렸다.

'영락없이 독 안에 든 쥐가 되었구나.'

이방원은 문득 그런 생각이 들었다. 그리고 어쩌면 오늘밤 살아서 궁을 벗어날 수 없을지 모른다고 생각했다. 이방원은 음침한 대궐 어딘가에 누워있을 아버지 이성계를 찾았다. 고요한 구름 위에 가만히 떠있는 듯 침전에 누워있는 아버지였지만 한눈에도 그리 심각해 보이진 않았다. 항상 그런 모습으로 누워있던 아버지였다. 이상하게도 경복궁이 완공된 뒤 이성계는 서있는 시간보다 누워있는 시간이 많았다. 이방원은 경복궁의 험한 기운이 함경도 고원을 말을 타고 내달리던 아버지의 기상을 꽉 누르고 있다고 생각했다. 기분 나쁜 궁궐이었다.

이방원은 다른 형제들을 찾았지만 아무도 없었다. 대전 내관의 눈빛이 그날따라 달라보였다. 아니 그 눈빛만이 아니라 경복궁 전체에 감도는 이상한 분위기, 그것은 생과 사의 갈림길에 들어선 승부사들이 느끼는 음산한 긴장감이라 표현할 수 있을 것이다. 이방원은 그날 밤 자신의 운명이 결정될 것임을 직감적으로 느꼈다. 하지만 상대가 파놓은 함정으로 한 발 한 발 다가갈 때마다 두려움이 느껴지기보다는 오히려 상대를 단숨에 제압할 수 있을 것 같은 예감이 강하게 들었다.

머리는 총명하지만 담력이 약한 것이 흠이었던 세자 방석은 측근들로부터 독 안에 든 쥐처럼 궁궐 안에 갇힌 채로 갈 곳 몰라 허둥거리는 이방원을 부엉이가 쥐를 공격하는 것처럼 재빨리 도륙하자고 종용받고 있었다.

"군사 예빈시(나라의 손님을 접대하는 관청) 소경少卿 봉원량奉元良을 시켜 궁의 남문에 올라가서 군사의 많고 적은 것을 엿보게 했는데, 광화문으로부터 남산에 이르기까지 정예한 기병이 꽉 찼으므로 방석 등이 두려워서 감히 나오지 못하였으니, 그때 사람들이 신神의 도움이라고 하였다." (1398년 8월 26일)

심약한 세자 방석은 광화문에서 남산까지 이어진 환한 불빛을 군사들의 불빛이라 착각했다. 하지만 그것은 사실 도깨비불에 불과했다. 사관은 이방원이 도깨비의 도움으로 세자 방석이 쳐놓은 함정에서 빠져나올 수 있었다고 적고 있다. 도깨비불의 출현! 사관은 착한 이방원이 악의 무리 정도전 일행을 제거하기 위해 귀신의 도움을 받았다고 역사를 신화화하였다.

방석은 이방원을 제거하지 못했다. 이에 이방원은 경복궁 밖에서 대기하던 몇몇 측근들을 이끌고 남은의 첩이 살던 경복궁 동십자각 부근에서 정도전과 그의 측근들을 급습하여 죽이고 정도전의 아들들도 죽였다. 정도전의 아들 넷 가운데 둘은 그 자리에서 죽었다. 남은 두 명 가운데 큰 아들 정진은 이성계의 고향인 함흥부에 있어 목숨을 건질 수 있었는데 나중에 수군에 충군(죄를 범한 죄인에게 군 복무를 하게 함)되었다. 막내는 두 형이 죽었다는 소식을 듣고 절망감에 사로잡혀 배회하다 경복궁 궁궐 아래에서 칼로 자기 목을 찔러 자결했다.

정도전이 죽은 그날, 그를 따르던 자들은 이방원에게 항복을 선언했다. 항복한 자들은 살았고 저항한 자들은 그 자리에서 죽었다.

난이 일어난 지 사흘 뒤, 정도전을 죽인 이방원은 아버지를 찾아갔다. 세상은 이미 달라져 있었지만 임금은 그때까지 의식을 차리지 못하고 있었다. 잠시 의식이 돌아왔던 이성계는 아들이 들어서자 피비린내를 맡았다. 오랫동안 전쟁터에 있었던 장수만이 알 수 있는 그런 냄새였다. 이성계는 간밤에 꾼 꿈이 사실일지 모른다고 생각했다. 꿈에 전처소생들이 세자 방석을 몰아내고 임금 자리를 서로 양보하고 있었다. 자신이 임금 자리에서 호통을 쳤지만 아무도 그 소리에 귀를 기울이지 않았다.

꿈과 현실 사이에서 혼란을 겪고 있던 이성계. 이방원은 초점 없는 눈으로 허공을 바라보고 있는 아버지의 얼굴에 자신의 얼굴을 바싹 갖다 댔다.

"아버지! 삼봉 정도전이 측근들과 함께 역모를 꾸미다 제 손에 죽었습니다. 저들이 나라를 강탈하려 했습니다. 막내가 형들을 죽이려고 했습니다. 세자를 교체해주십시오."

이성계의 표정이 일그러졌다.

'이런 죽일 놈!'

삶과 죽음을 함께하기로 피로 맹세했던 동지들을 죽인 자식이 미웠다. 방원의 측근들이 세자 방석을 폐하고 새로운 세자를 세워야 한다고 한마디씩 떠들고 있었다. 이성계는 불길한 꿈을 확인하듯 "방석은……" 하고 희미하게 말했다. 방원은 아버지가 막내 방석을 찾는다고 판단하여 그를 불러들이게 했다. 방석은 누워있는 아버지 옆에 털썩 주저앉아 한참을 통곡했다. 그리고 배다른 형들의 따가운 눈총을 받으며 쓰고 있던 모자를 벗어 아버지의 머리맡에 두었다. 이미 바깥에서는 정도전의 줄에 섰다가 이방원의 줄로 갈아탄 자들이 세자 방석이 역모에 가담했으니 죄를 물어야 한다는 말을 반복하고 있었다. 손끝 하나 움직일 수 없는 중병에 걸린 이성계는 아들 이방원에 대한 원망과 분노로 몸을 떨었다.

방석은 큰절을 하고 눈물을 훔치며 일어섰다. 이성계는 그를 잡고 싶었지만 손가락 하나 까딱할 수 없었다. 조선 최초의 세자였던 방석은 대전의 뜰을 가로질러 경복궁의 서쪽 문인 영추문 앞에서 다시 아버지가 있는 곳을 향해 허리를 굽혀 인사를 올렸다. 생애 마지막 인사였다.

이성계는 세상 살맛이 나지 않았다. 새로운 세상을 만들겠다고 고려를 무너뜨리고 조선을 건국했는데 아들들끼리 임금 자리를 차지하겠다고 서로 죽이고 죽는 일이 벌어진 것이다. 세상 모든 사람들이 이일을 두고 자신에게 손가락질을 하고 있다고 생각한 이성계는 경복궁 가장 깊은 곳에 머물고 있었다. 그런데 밤마다 부엉이들이 그의 방문 앞에서 슬프게 울었다.

　제1차 왕자의 난이 일어난 지 열흘이 채 지나지 않은 1398년 9월 5일 이성계는 임금 자리를 버리고 길을 나섰다. 《실록》은 새로 책봉된 세자 방과가 임금에게 구하기 힘든 수정포도를 바쳐 병을 낫게 했다고 기술하고 있다. 귀한 포도 한 송이를 먹은 임금은 왕위를 방과에게 물려주고 길을 나섰다.

　이성계는 경복궁을 떠나면서 문득 무악대사가 한 말을 떠올렸다.

　"땅이 거칠어 사람들을 다치게 할 궁궐터입니다. 이곳에 궁궐을 짓는다면 개국 초기 많은 사람들이 죽어나갈 것입니다."

　그러나 그런 말을 정도전이 막고 나선 것이다. 정도전은 자신이 만든 궁궐 앞에서 죽었다.

　이성계를 도와 조선을 건국한 정도전. 그의 머릿속에는 치밀하게 디자인된 미래의 조선이 그려져 있었다. 그에게는 큰 꿈이 있었고, 그 꿈을 아주 정교하게 디자인할 임금이 필요했다. 그래서 방석을 이성계의 후계자로 옹립하는 데 적극적이었다. 용감하고 드센 임금 대신 똑똑하고 현명한 임금을 고른 것이다. 하지만 그것이 그의 죽음을 재촉했다.

너는 낮을 지배하라! 나는 밤을 지배할 것이니

방석이 대전을 나올 때 그의 아내는 남편의 소맷자락을 잡았다. 하지만 남편은 아내의 손길을 뿌리쳤다. 아내는 이미 친정 식구들을 위해 이방원의 편이 되었다. 부부는 그런 것이다. 돌아서면 겨울바람보다 더 싸늘한 법이다. 두 사람은 눈길도 마주치지 않고 헤어졌다.

방석은 어머니의 묘소인 정릉에 가기 위해 영추문을 나섰다. 경복궁 서쪽으로 밤안개처럼 저녁연기가 모락모락 피어나고 있었다. 백성들이 저녁밥을 짓는 중이었다. 방석은 세자 자리에서 쫓겨난 자신의 처지를 한탄하며 걷고 있었다.

방석은 아내 복도 없는 사내였다. 첫째 부인 현빈 유씨가 내시 이만과 바람이 나서 한방에서 뒹굴다 시아버지 이성계에게 목격된 뒤, 이만은 그 다음 날 남대문 밖에서 처형됐고 친정으로 쫓겨난 유씨는 며칠 뒤 목을 매 자살했다. 사랑했지만 어떻게 사랑해야 하는지 그 방법을 몰랐던 방석. 너무도 어린 남편에 비해 성숙한 여인이었던 아내는 밤마다 외로움에 몸서리를 쳤다. 그러다 내시 가운데 사내답게 생긴 이만이란 자에게 몸을 더럽혔던 것이다. 그 충격으로 방석은 새로 맞은 아내 심씨와도 잠자리를 하지 않았다.

1398년 8월 27일 저녁 무렵, 조선 최초의 세자였던 방석은 영추문을 나온 뒤 어머니의 묘소로 향하다 누군가가 휘두른 쇠뭉치를 맞고

경복궁 영추문
세자 방석이 이곳에서 피살됐다.

그 자리에서 즉사했다. 그날 《실록》은 방석의 죽음을 이렇게 기록하고
있다.

"방석이 궁의 서문을 나가니, 이거이·이백경·조박 등이 의논하
여 사람을 시켜 길가에서 죽이게 하였다."

영추문 위에서 방석의 죽음을 목격한 것은 부엉이뿐이었다. 방석
은 풀썩 먼지를 일으키며 땅으로 고꾸라졌다.

"갈 곳이 없구나! 새가 되리라!"

방석이 마지막으로 중얼거렸을 말이다. 갈 곳이 없는 사람은 쓸쓸
하다. 바람에 쓸리던 나뭇잎 한 장이 잠시 그의 머리를 어루만졌다.

왕자의 난을 일으킨 이방원은 아버지 이성계에게 배다른 형제들을

절대 죽이지 않겠다고 약속했다. 그리고 방석과 방번이 보이지 않는 것을 불안하게 여기던 이성계에게 어지러운 시국이니 지방에 잠시 유배를 보냈다고 거짓말을 했다. 하지만 이성계는 밤마다 두 아들의 혼령이 나타나는 꿈을 꾸었다.

"임금이 세자의 부음을 듣고 소선(생선이나 고기를 쓰지 않는 간소한 반찬)을 하기 시작했다."

1398년 9월 7일 《실록》의 기록이다. 이성계는 방석이 죽은 지 열흘 뒤에야 그가 죽었다는 것을 알게 된다.

한편 영추문 길가에서 방석이 죽은 그날 그 시각, 신덕왕후 강씨의 또 다른 아들 방번은 남대문을 나가고 있었다. 이방원은 잠시 몸을 피한다면 뒷날 영광이 있을 것이란 말로 방번을 위로했다. 방번은 양화나루에서 강화도로 들어가는 배를 기다렸다. 방번을 호위하던 군관은 너무 늦었으니 도승관(관리들이 묵는 여관)에서 하룻밤을 유숙하고 다음 날 강화에 들어가자고 그의 소매를 이끌었다. 불길했다. 하지만 방번은 이방원의 말을 철석같이 믿었다. 그는 밤새 뒤척이다 새벽녘이 되어서야 겨우 눈을 붙였다. 그리고 영영 그 눈을 뜨지 못했다. 방번은 방간(방원의 바로 위 형)이 보낸 자객에 의해 목 졸려 죽었다.

방석과 방번 두 사람의 시신은 수습되지 않고 한동안 버려져 있었다. 방석을 죽인 자들은 방석의 시신을 경복궁 담장 한쪽에 아무렇게나 방치했다. 방번 역시 양화나루터 어딘가에 버려졌다. 하지만 인정

많은 조선의 백성들이 그 어린 형제들의 시신을 수습했다.

이들이 죽은 뒤 보름 만인 1398년 9월 10일 밤 경복궁 북원에서 부엉이가 울었다.

"밤에 부엉이가 경복궁 북원에서 울므로, 상왕이 북쪽 양정으로 옮겨 가서 거처하였다."

물론 그 전에도 부엉이들은 여러 차례 궁궐 곳곳에서 사납게 울었을 것이다. 그런데 태조 이성계가 부엉이 울음소리 때문에 거처를 옮겼기에 부엉이의 울음이 정치적 사건으로 취급되었고 따라서 사관은 그날부터 부엉이의 울음을《실록》에 기록한 것이다.

부엉이는 밤마다 경복궁에 나타나 죽은 자의 넋을 기리고 산 자들을 저주하고 있었다. 사랑하는 아내와 두 아들을 잃은 슬픔으로 삶의 의욕을 잃은 태조는 정사도 돌보지 않고 방황하고 있었다.

1399년(정종 1년) 1월 1일, 태조 이성계가 임금의 자리에서 물러나고 아들 이방과가 새로운 임금이 된 뒤 맞은 첫 새해였다. 정종은 계모의 무덤인 정릉을 지키던 군사들을 모두 고향으로 돌려보낸 뒤 아버지에게 문안 인사를 올렸다. 하지만 태상왕이 된 이성계는 아들의 얼굴을 보지 않았다. 착하지만 영리하지 못하고 그래서 매번 이방원에게 이용만 당하는 둘째였다. 정종은 개성의 옛 수도로 환도하겠다고 보고했지만 이성계는 아무 말도 없었고 그와 눈도 마주치지 않았다.

1399년 3월, 신의왕후의 무덤인 제릉에서 제사를 지낸 정종은 한양으로 돌아오지 않고 개성에 눌러앉아버렸다. 이상하리만큼 부엉이와 까마귀들이 경복궁에 자주 출몰했기 때문이다.

1399년 7월 29일, 부엉이가 경복궁에서 개성까지 날아와 울어댔다. 1399년 8월 9일, 부엉이가 경복궁 근정전 취두鷲頭에서 울고, 또 태묘太廟 옆에서 울었다. 1399년 11월 7일, 부엉이가 이어소(임금이나 왕비가 임시로 옮겨 거처하던 이궁)에서 울었다.

놀라운 것은 1399년 11월 7일, 부엉이가 이어소까지 날아와 울었다는 기록이다. 부엉이들은 한양이든 개성이든 가리지 않고 왕실 근처에서 집요하게 울고 있었다. 부엉이의 출현을 자주 기록한 사관. 그는 부엉이의 습격을 피해 다니는 왕실을 은근히 비판하려고 그렇게 까마귀와 부엉이의 출현을 꼼꼼하게 기술해놓은 것이다.

1399년 9월 10일, 경순공주가 머리를 자르고 여승이 되었다. 경순공주의 남편은 방석이 죽은 날 같이 죽었다. 두 번째 아내에게서 얻은 두 아들이 죽었으니 딸도 무사하지 못할 것이라고 판단한 이성계는 동대문 밖 청룡사青龍寺에 딸을 맡기면서 딸의 머리를 직접 잘랐다. 두 사람의 눈에서 하염없이 눈물이 흘러내렸다. 경순공주는 살기 위해 아버지의 뜻에 따라 비구니가 됐다.

개성 부근에 있는 신암사에서 방석과 방번을 위해 위령제를 지냈다. 태조 이성계의 탄신일인 1400년 10월 11일, 그의 마음을 기쁘게 하기 위해 위령제를 거행하기로 한 것이다. 이 위령제에 이방원의 아내 민씨와 정종의 왕비인 정안왕후 김씨도 참석했다. 신암사 주지는 방석과 방번의 신위를 들고 향로를 향해 절을 했다. 그 뒤를 따라 이 방원의 아내 민씨도 절을 했다. 그때 주지가 갑자기 몸을 비틀면서 옆으로 쓰러졌다. 그의 입에서 피가 흘러나왔다. 마치 하늘을 날던 새가 땅에 곤두박질치듯 피를 토하며 쓰러진 것이다. 법당 안에서 두 팔을 허우적거리던 스님은 얼마 뒤 숨을 쉬지 않았다. 위령제를 지내던 스님이 죽은 것은 이례적인 일이었다. 정안왕후와 민씨가 놀라 서둘러 그 절을 빠져나왔다. 이들은 어떻게든 신덕왕후의 혼령과 화해를 하려 했지만 번번이 실패했다.

1400년 12월 22일, 개성의 수창궁에서 큰불이 났다. 사람들은 부엉이의 저주라고 믿고 있었다. 불미스러운 일들이 계속해서 일어나자 정종은 아우 방원을 불렀다.

"자네 자리를 가져가게. 임금의 자리는 원래 자네 몫이었네. 낮에는 까마귀가 울어대고 밤에는 부엉이가 우는 안개 자욱한 궁궐, 이런 불길한 기운이 가득한 곳에서 나는 더이상 살고 싶지 않네. 더구나 이제는 궁궐까지 불탔으니 어디서 잠을 자고 어디서 국가를 통치할 것인가?"

1401년 1월 1일, 이방원은 결국 조선의 3대 임금으로 취임한다.

이렇게 혼란스러운 상황이 계속되고 있던 1402년 11월 5일, 안변부사 조사의가 난을 일으킨다. 겉으로는 신덕왕후 강씨를 추종하는 조사의가 난을 일으킨 것으로 되어 있지만 사실 그 난을 주도한 것은 이성계였다. 반란 초기, 조사의의 뒤에 아버지가 있다는 것을 알았던 태종 이방원은 피를 흘리지 않고 싸움을 승리로 이끌기 위해 회유책을 쓰기로 했다. 태종은 급히 상호군 박순을 태상왕이 머무는 함경도 함주에 보냈다. 하지만 박순은 이성계의 화살에 맞아 숨을 거두었다. 다급해진 태종은 무학대사에게 도움을 요청했다.

"지금 이 나라가 둘로 갈라질 위기요. 대사가 아버님을 설득해주시오."

무학대사가 함주로 가서 이성계를 만나 설득했지만 실패했다.

태종은 이성계의 조카인 이천우에게 백 명의 기마대를 편성해서 함흥 어딘가에 있다는 아버지 이성계를 찾아 나서게 했다. 그는 이천우가 이끄는 기마대에 많은 기대를 걸고 있었다. 평안도와 함경도의 민심 이반은 매우 심각했다. 이런 상태로 지속되면 조선이란 나라는 둘로 갈라질 것이 분명했다. 그런데 가는 도중 기마대 백 명이 포위돼 그 자리에서 격살당하고 말았다.

겨우 목숨을 부지한 이천우가 태종에게 다음과 같이 보고했다.

"산세가 험한 지역을 가는데 홀연 비가 오듯 화살이 날아와 하늘이 캄캄해졌습니다. 화살이 하늘을 덮는 것 같더니 이내 빗소리와 천둥소리가 들렸습니다. 놀란 말들이 주인을 버리고 산지사방으로 날뛰고 화살을 몇 개씩 맞은 병사들은 모두 죽었습니다."

초조해진 태종은 평화로운 방법으로는 해결할 수 없다고 판단하여 결국 무력으로 진압하기 위해 군사들을 집결시켰다.

1402년 11월 27일, 북방에서 4만 명의 병력을 차출한 태종은 조영무를 총사령관에 임명하고 조사의의 군대와 청천강에서 맞붙었다. 그사이 호응하는 사람들이 늘어 조사의의 군대는 1만 명을 육박했다. 개성에 머물던 태종은 이성계를 따르는 무리들이 혹 반란을 일으킬지 몰라 강원도 원주로 피신했다가 다음 날 총공격을 위한 진영을 짤 때 개성으로 다시 돌아왔다. 이숙번 등이 맨 선두에서 억지로 따르는 군인들을 호령했다. 그들은 두려웠다. 무엇보다 나라를 건국한 이성계가 버티고 있는 조사의의 군대라는 점이 그들을 두렵게 했다.

그런데 이번에도 또 하늘은 태종을 도왔다. 조사의의 군대가 청천강을 넘는 도중 강의 얼음이 깨지면서 많은 반란군들이 물에 빠져 죽었다. 이에 사기가 떨어진 반란군들은 서로 도망치기 바빴다. 이미 강을 건넌 자들은 토벌군에게 죽거나 투항했다.

평안도 영변에서 두 세력의 싸움을 지켜보던 이성계는 아들이 보낸 백마를 타고 개성으로 돌아왔다. 마치 포로가 된 장수처럼 아들에게 돌아온 것이다. 그리고 그는 죽음을 기다리는 뒷방 늙은이로 전락했다. 함경도와 평안도를 오가며 반란군의 지휘자들을 격려하던 노장수의 패기가 갑자기 사라진 것이다. 이성계가 싸움에서 진 것은 아들 이방원과의 싸움이 처음이었다.

생포된 자들은 개성까지 압송돼 까마귀밥이 되었다. 반란을 획책한 자들의 종말이 얼마나 비참한지 백성들에게 똑똑히 보여주기 위해 진압군은 반란군 주역들의 목을 자르고 머리와 몸을 나무에 매달아 놓았다. 시체 썩는 냄새가 진동했지만 한 달 내내 시체를 치우지 않았다. 시체 때문인지 개성에서는 며칠 동안 역병이 돌아 많은 사람들이 죽었다. 공포심으로 쥐 죽은 듯 조용해질 것이라는 예상은 빗나갔다.

"돌아가라! 너희들이 만든 그 불길한 땅으로 돌아가라!"

개성 시내에는 이런 글들이 나붙었다. 반란을 획책한 자들의 몸은 까마귀밥이 되어 없어졌지만 그들의 영혼은 허공을 떠돌았다. 왕실 사람들이 움직일 때마다 백성들은 비아냥거렸다. 그리고 한양 경복궁 주변에 나타났던 부엉이들이 다시 개성의 옛 궁궐 근처를 맴돌았다.

"개성 시가지 큰 우물물에서 붉은 물이 나왔다. 서부 장대동에 있는 우물이 우레처럼 우니, 물을 긷던 사람들이 놀라서 사방으로 흩어졌다. 이와 같이 울기를 세 번이나 하였다." (1404년 5월 15일)

한 맺힌 귀신들의 장난이라는 소문이 돌았다.

"여자 무당을 모두 모아라! 귀신들의 장난을 잠재워라!"

귀신이나 사람이나 모두 새로 건국한 나라 조선, 아니 태종 이방원에게 등을 돌리고 있었다.

태종이 개성에서 한양으로 다시 천도를 결정하자 신하들의 반대가 극심했다.

"부끄러워 다시 들어갈 수 없습니다."

"부끄러움은 잠시다. 나라의 운명이 달린 일이다. 고려의 망한 기운을 담고 있는 이 도시에서 새로운 왕조를 일으킬 수는 없는 것 아니냐? 좋다! 선택이 필요할 때, 최선도 최악도 아닌 선택이라면 하늘의 뜻에 따르자!"

태종 이방원은 신하들에게 동전을 준비하게 했다. 그는 중요한 일이 있을 때마다 하늘의 뜻을 물어 그에 따라 결정하는 것을 즐겼다. 왕자의 난을 결행할 때도 별자리의 움직임을 보고 결정한 그였다. 태종은 그렇게 해서 척전擲錢을 시작했다. 척전은 동전을 던져 점을 치는 것이다. 동전 세 개를 한꺼번에 던져서 앞면이 두 개 나오고 뒷면이 한 개 나오면 단單이라 하고 작대기 하나를 표시한다. 뒷면이 두 개 나오고 앞면이 한 개 나오면 탁拆이라 하여 작대기 두 개를 나란히 표시한다. 그리고 세 개 모두 뒷면이 나오면 중重이라 하여 ○로 표시하고, 세 개 모두 앞면이 나오면 순純이라 하여 ×로 표시한다. 이런 식으로 동전을 세 번 던져 하나의 괘卦를 만든 후 길흉을 판단하는 것이다.

이성계도 이 동전 점을 쳐서 한양을 수도로 정한 바 있다. 정도전은 현재 경복궁 일대에 궁궐을 짓자고 주장했고, 무학대사는 무악 일대에 궁궐을 짓자고 주장했다. 정도전과 무학대사가 심각하게 대립할 때 이성계가 동전으로 점을 쳐 궁궐터를 정한 것이다. 이방원은 아버지 이성계의 스타일, 그러니까 복잡한 문제일수록 단순하게 풀어가는 지혜를 배웠다.

태종 이방원은 경복궁을 대신할 새로운 궁궐을 만들라고 지시했다. 그래서 창덕궁이 새로 만들어졌다. 창덕궁은 경복궁을 꺼려한 태종 때문에 새로 생긴 궁궐이다.

한양으로 환도하던 날인 1405년 10월 11일은 이성계의 생일이었다. 그런데 창덕궁이 완공된 날은 1405년 10월 16일이다. 아이처럼 성화를 부리는 태조 이성계 때문에 태종은 서둘러 환도를 한 것이다. 태종은 3일 동안 통행이 금지된 밤 시간에 개성에서 한양으로 왕실의 살림을 옮기게 했다. 캄캄한 밤, 달도 없는 날을 택해 마치 감옥에서 탈출하는 죄수들처럼 개성에서 한양으로 조선의 왕실은 거처를 옮겼다. 한양으로 이사와 이삿짐을 푼 곳은 지금의 창덕궁 건너편 부근인 연화방蓮花坊이며 그곳은 개국공신 조준의 집이었다.

민심이 어수선한 상황이었다. 백성들은 경복궁에 나타난 부엉이가 무서워 개성으로 도망친 것으로도 모자라 개성 수창궁으로 날아든 부엉이를 피해 다시 한양으로 야반도주하듯 몰래 돌아간 왕실을 비웃었다. 또한 창덕궁과 태조 이성계가 거처할 덕수궁(지금의 창경궁)을 짓는다고 더 많은 인부들을 뽑자 불만이 극도로 팽배해졌다. 궁궐 공사가 농사철과 겹친다고 공사 지연을 요구하는 상소들이 계속해서 접수됐지만 태종은 묵살했다.

1406년(태종 6년) 8월 13일 《실록》에는 이렇게 기록되어 있다.

"부엉이가 경복궁 근정전에서 울었다."

8월 13일은 신덕왕후의 기일이었다. 신덕왕후가 죽은 지 꼭 10년 만에 죽은 왕비를 추모하는 부엉이들이 궁궐에 날아들고 있었다. 그리고 8월 27일은 방석의 기일이었다. 경복궁 주변을 맴돌던 부엉이들은 이제 새로 생긴 궁궐인 창덕궁에 새로 둥지를 틀고 있었다. 낮에는 까마귀들이 창덕궁 북쪽 후원에서 시끄럽게 울었고, 밤에는 부엉이들이 새벽까지 처량한 소리로 울었다.

밝은 눈을 가진 아이

태종은 창덕궁을 만들면서 특별히 그곳에 연못을 만들라고 지시했다. 경복궁의 불길한 기운이 창덕궁으로 넘어서지 않기를 바라는 마음도 있었고 아버지를 그곳에서 편안하게 모시려는 마음도 있었기 때문이다. 그래서 그 연못의 이름을 '해온解慍'이라 지었다. 즉, 노여움이나 원망을 풀라는 의미였다. 아들은 아버지와 화해하는 장소로 그곳을 택했다. 1402년 조사의가 난을 일으켰을 때 부자가 서로 칼을 겨누는 일이 벌어지지 않았던가. 그런데 정작 화해를 한 것은 아버지가 아닌 이방원이 죽인 동생 방석이었다.

1406년 8월 3일 태종은 궁궐을 나서며 죽은 아우 방석에게 '소도군

昭悼君'이라는 시호를 내렸다. '소도昭悼'에는 '총명하고 밝은 눈을 가진 아이의 죽음을 애도한다'는 뜻이 담겨 있다. 왜 태종은 아우에게 부엉이를 연상시키는 시호를 내렸을까? 그해 여름, 태종에게 이런 일이 일어나지 않았을까 상상해본다.

1406년 여름 어느 날 태종 이방원은 더위를 피해 궁녀 두 명을 곁에 두고 창덕궁 해온정 옆의 평상에서 잠을 청하고 있었다. 바람이 솔솔 불어오는 게 기분이 좋았다.

'이상하다. 이렇게 기분이 좋은 것은 태어나서 처음이다.'

그런데 서늘한 기운이 갑자기 등골을 타고 임금의 머리끝까지 올라왔다.

'꿈인가?'

태종은 꿈인지 생시인지 구분을 못하고 있었다.

태종은 중얼거렸다.

"소름이 돋는구나! 갑자기 왜 이런 기분이 드는 것이냐?"

그러자 가느다란 목소리가 아주 희미하게 들렸다.

"그래 시원하냐? 너도 집이 없구나. 이리 바깥에서 자고."

그래서 눈을 뜨고 바람 부는 곳을 보니, 부채를 부치던 시녀 두 명은 고개를 처박고 자고 있었고 수리부엉이 한 마리가 두 눈을 크게 뜨고 이방원을 노려보며 날갯짓을 하고 있었다. 바람이 분 것이 아니라 부엉이의 날갯짓이 그토록 서늘한 기운을 임금에게 보낸 것이다. 태종

40

은 숨이 탁 막힐 만큼 놀랐다. 임금이 벼락같이 소리를 치자 호위하던 갑사들이 달려왔고 궁녀들도 놀란 눈으로 임금을 바라보았다. 그리고 사람이 앉아 있는 형상을 하고 있던 수리부엉이는 제 몸집보다 더 큰 날개를 펴고 바람을 크게 한 번 일으키고는 하늘 높이 날아가버렸다. 아주 순식간에 벌어진 일이었다.

태종은 아버지와 화해하기 위해 죽은 아우들에게 시호를 내렸을지 모른다. 시호를 내려준 것에 대한 화답이었을까? 이틀 뒤인 8월 5일, 부엉이가 경복궁 누각과 침전 위에서 울었다.

《실록》에는 1406년 8월 초의 기록이 여러 곳 누락돼 있다. 감정 기복이 심했던 태종의 행동을 기술하는 것이 사관에게는 부담스러운 일이었는지 모른다. 그래서 아예 예민한 몇몇 기록들은 그냥 누락시켜버렸을 것이다.

당시 태종은 변덕이 심해 예측하기 힘든 임금으로 변해갔다. 하늘과 땅이 호응하고 사람과 자연이 호응하는 것이 자연스런 이치인 듯 지도자의 마음이 변화무쌍하자 한양에는 범상치 않은 기운들이 감돌고 있었다. 개성이 그랬던 것처럼 한양의 우물물이 마르고 한강의 물고기들이 죽어 물 위로 떠오르는 괴변들이 벌어졌다.

1406년 8월 《실록》에는 부엉이가 울었다는 기록이 유난히 많이 등장한다. 3일, 5일, 13일, 15일, 18일, 사관은 집요하게 부엉이의 출현을 기록하고 있다.

태종은 갑자기 그토록 꺼리던 경복궁으로 거처를 옮기겠다고 했다. 도무지 알 수 없는 임금의 마음이었다.

"거처를 일단 아버님이 계신 덕수궁(이성계가 머물렀던 창경궁 부근을 말한다)으로 옮기고 경복궁은 잘 수리하길 바란다."

이날은 8월 15일이었고 그날 역시 궁궐 주변에서 부엉이가 심하게 울었다.

"부엉이가 창덕궁의 서쪽 지역에서 울고, 이튿날은 전농시典農寺의 제기고祭器庫에서 울었다." (1406년 8월 18일)

이날 태종이 있던 곳은 창덕궁이었다. 부엉이는 집요하게 태종 주변을 맴돌며 따라다녔다.

갑자기 임금은 열세 살인 양녕대군 이제에게 왕위를 물려준다는 발표를 한다. '내가 한낱 임금 자리가 탐이 나서 어린 동생들을 죽인 것이 아니다'라는 뜻이 내포돼 있었지만 사실 의심하는 병이 깊어 생긴 정치적 몸짓이다. 양위 선언을 함으로써 주변 인물들이 어떤 생각을 갖고 어떤 표정을 지으며 어떤 정치적 모색들을 하는지 살펴보고 싶었던 것이다.

한편 4년 전 아들 이방원과 군사적 충돌까지 일으켰던 이성계는 자신이 세운 나라의 안녕을 위해 한양 환도에 따라왔다. 그리고 아들이 마련해준 덕수궁에 한동안 마음을 붙이고 살았다. 그러나 1407년 10월 11일, 생일을 그곳에서 맞이한 태상왕 이성계는 그 다음 날부터 시름시름 앓기 시작했다.

"태상왕이 갑자기 풍질을 앓았다."(1408년 1월 19일)

백성들은 그토록 아내를 잊지 못해 슬퍼하던 태조 이성계가 덕수궁에서 시중을 들던 칠점선이라는 관기에게 푹 빠져 아이까지 낳자 죽은 신덕왕후의 질투심이 남편을 풍 맞게 했다고 수군거렸다.

이성계는 1408년 5월 24일 새벽, 창덕궁 광연루 별전에서 숨을 거두었다. 아버지가 위독하다는 소리에 아들은 가마를 버리고 두 발로 뛰어왔다. 두 눈에선 계속 눈물이 흘렀다. 온몸이 땀투성이인 아들을 보고 아버지는 힘없이 눈을 돌렸다. 이성계가 보고 싶은 아들은 이방원이 아니었다. 죽은 방석이었다.

죽은 신덕왕후와 싸우다

이성계가 죽은 다음 해인 1409년 2월 23일, 태종은 신덕왕후의 무덤을 한양 복판에서 사을한(성북구 정릉동)의 산기슭으로 옮겼다. 8톤 무게의 혼유석을 걷고 신덕왕후의 시신을 북악산과 북한산 사이 깊은 곳에 묻은 것이다. 무덤에 있던 좋은 재목들은 공신들에게 정자나 만들라고 나눠주었다. 혼유석을 들어 올리는 순간 돌에 눌려 몇 명의 인부들이 다쳤다. 신덕왕후가 내린 저주의 기운이 풍기는 혼유석은 한동

신덕왕후의 무덤 앞에 있는 혼유석
8톤 무게를 받치고 있는 고석은 현종 시절 만든 것이다.

안 버려져 있었다.

영혼이 잠들어 있던 무덤이 훼손돼 그랬을까? 태종은 태조와 신의왕후의 위패를 모신 문소전에서 제사를 지낸 뒤 이렇게 지시한다.

"귀신들이 좋아하는 버드나무를 베고 경복궁에 뽕나무를 심어라."

태종은 신덕왕후의 무덤을 이전한 뒤 마음이 놓이지 않는 듯 자주 문소전을 찾았고, 또 이곳저곳을 다니며 죽은 여인의 흔적을 지우려 애썼다.

태평관은 사신을 접대하는 곳이다. 평소 태평관이 협소하다 생각했던 태종은 북쪽에 새로운 건물 하나를 더 지으라고 명한다. 그리고 건물을 지을 때는 정릉의 정자각에서 나온 목재와 돌들을 쓰라고 지시했다. 태종은 이런 지시를 하면서 평소 명나라 사신 황엄이 한 말을 실천한 것뿐이라 했다. 명나라 황제의 칭송이 자자했다는 황엄은 조선의 처녀들에게는 공적이었다. 그는 조선의 처녀들을 공출해서 명나라 황제에게 바친 고려인 출신의 명나라 환관이었다.

정릉을 허물고 그 앞에 명나라 사신들의 숙소와 연회장을 만드는 것을 바라보는 백성들의 시선은 곱지 않았다. 이런 민심은 유언비어로 나돌았다. 밤마다 정릉 주변에 석인(문인석)들이 돌아다니는 것을 본 사람이 있다는 허무맹랑한 말들이 들려왔다.

"도심 한복판에 나뒹굴고 있는 석인들을 땅에 매장하라! 봉분은 자취를 없애 사람들이 알아볼 수 없게 하는 것이 좋겠다."

그래서 그럴까? 정릉에 있는 오늘날의 문인석은 현종 시절 만든 것이다.

그해 봄날 날씨는 여인의 마음처럼 자주 변덕을 부렸다. 천둥번개가 치고 자주 비가 내렸다. 비가 오는 어느 날 태종은 세자를 비롯한 아들 네 명을 불러놓고 서로 싸우지 말고 사이좋게 지내라고 말하다 눈물을 쏟았다. 아들들에게 눈물을 흘리며 형제 사이의 우애를 강조하던 임금의 마음은 어땠을까? 그리고 그날 아들들은 아비가 눈물을 쏟으며 한 말을 얼마나 새겨들었을까? 11년 전 배다른 아우 두 명을 죽인 임금이 아니던가?

그해 5월에는 물난리가 났고, 한양 여러 곳의 교량이 무너졌다. 또한 산이 무너지면서 북악산 아래에 있던 소격전(하늘과 땅, 별에 제사 지내는 도교의 초제를 맡아보던 관아)이 허물어졌다. 태조의 기일인 5월 24일에는 홍수가 나서 능 참배를 하지 못할 정도였다.

두 달 뒤인 1409년 7월 24일의 《실록》에는 이렇게 기록돼 있다.

"약주藥酒를 정지할 것을 명하였으니, 음침한 요기妖氣가 있어 근심한 때문이다."

어떤 이유에서 사관은 '음침한 요기'라는 표현을 했을까? 전후 사정이나 설명도 없는 이 단 한 줄의 기록은 당시의 분위기를 압축해서 말해주고 있다.

임금은 구언을 청했다. 신하들의 충고를 듣고 정사를 펴겠다는 뜻이다. 하지만 임금에게 솔직하게 충언하는 사람은 아무도 없었다.

1406년 8월 죽은 아우들에게 시호를 내리고 화해의 손길을 내민 태종이었지만 계모에 대한 악감정은 여전했다. 그래서 신덕왕후가 죽은 뒤 10년 동안 제사 한 번 지내주질 않았다. 이에 더해 1409년 무덤을 옮기면서 다시 신덕왕후와 격하게 대립하는 상황이 된 것이다. 태종은 죽은 왕비가 살아있는 왕을 이길 수 없다고 생각했다. 하지만 그것은 단지 태종의 착각일 뿐이라는 것을 알려주려는 것이었는지 그 무렵 이상한 일들이 자주 일어났다.

"갑자기 한강 근처 목마장牧馬場에 벼락이 쳐서 땅이 갈라졌는데, 길이가 24척이고 너비가 5척이었다." (1409년 6월 5일)

또한 주변 사람들을 끊임없이 의심하던 태종은 결국 1409년 8월 11일 두 번째 양위파동을 일으킨다.

"아무도 내 마음을 모른다."

태종은 이렇게 중얼거렸다. 다시 긴장감이 감돌았다. 그리고 얼마 뒤 임금이 양위파동을 일으킨 진짜 속내가 드러났다. 세자 양녕대군 주변으로 부나방처럼 몰려들던 정치인들과 특히 처가 식구들 때문이었다. 외척의 발호를 극히 경계하던 태종은 임금의 양위파동이 있자 처남들이 왕위 승계 일을 논의했다는 말을 듣고 대로한다. 이어 임금의 복심을 따르는 신하들의 상소가 빗발쳤다.

"역심을 품은 민무구와 민무질을 죽여야 합니다!"

종친들까지 나서서 두 사람을 죽여야 한다고 주장하고 있었다. 모두 태종의 마음을 읽고 하는 행동들이었다. 결국 2차 양위파동은 민무구와 민무질이 제주도로 유배되는 것으로 일단락되는 듯했다.

그리고 해가 바뀌어 1410년 3월 15일, 보름달이 휘영청 밝은 날 태종은 한양을 떠나 개성으로 가고 있었다. 태종은 정치적으로 중요한 결정을 내릴 때면 한양을 비우고 생모의 묘소가 있는 개성으로 향했다. 임금은 개성에서 도승지 성석린에게 교지 한 장을 전했다. 임금의 교지는 이랬다.

"순금사호군 이승직과 형조정랑 김자서를 제주에 보내 민무구와 민무질을 자진해 죽게 하라!"

태종은 결국 두 처남이 자결했다는 보고를 듣고서야 한양으로 돌아왔다.

태종은 계속 정치적으로 부담되는 사건을 만들고 있었다. 1395년 신덕왕후의 여종을 놓고 벌어진 싸움 이후 태종은 화병으로 죽은 계모를 끊임없이 공격하고 있었다. 신덕왕후가 죽은 후 무덤을 옮기고 종묘에 있던 신위까지 철거했다. 죽은 여인은 태종의 마음속을 헤집으며 그의 아들인 양녕대군과 아내 그리고 처남들을 미워하게 만들었다. 결국 산 자는 죽은 자를 당해낼 수 없음을 깨달아야 했다.

1410년 8월 큰비가 내리면서 물이 넘쳐 물에 빠져 죽은 사람이 생기자, 8월 8일 의정부에서는 임금에게 다음과 같은 청을 올렸다.

"광통교의 흙다리가 비만 오면 곧 무너지니, 청컨대 옛 정릉터의 돌로 돌다리를 만드는 것이 어떠합니까?"

의정부의 청을 들은 태종은 그 말에 그대로 따랐다. 임금의 생각을 파악한 눈치 빠른 자들의 청을 못 이기는 척 받아들인 것이다. 신덕왕후의 능이었던 옛 정릉터에 있던 돌들로 다리를 만들었다. 비만 오면 무너지던 흙다리 광통교가 튼튼하고 멋진 돌다리가 되었다. 하지만 한양의 백성들은 이 저주스런 기운이 가득한 돌다리로 통행하는 것을 한동안 꺼려했다.

1410년 9월 9일 국화 향기가 물씬 풍기던 날, 정릉을 지키던 안평부원군 이서가 죽었다.

신덕왕후가 죽은 뒤, 그 기운 강한 여인의 무덤을 지킬 사람이 나타나지 않아 전전긍긍하던 임금 앞에 안평부원군 이서가 스스로 나섰다.

"신이 비록 늙은 몸이나 나라의 공신으로 녹을 먹고 사는 처지에 마지막으로 도성을 떠돌고 있는 죽은 왕후의 혼을 달랠 무덤지기로 살게 해주소서!"

문장 실력이 남달랐으며 감수성 또한 예민했던 안평부원군 이서는 76세의 나이에 아무도 하지 않으려는 정릉 관리인을 자청했다. 그리고 3년 후인 1410년 숨을 거두었다.

이서는 태조 이성계와 태종 이방원 사이에 맺힌 감정을 풀어주는 데 공이 컸던 사람이다. 이서를 끔찍이 좋아했던 이성계는 비가 오는 날이면 항상 그를 불러 술을 함께 나누고 시를 짓게 하면서 임금 자리를 떠난 뒤 찾아온 쓸쓸함을 달랬다.

1411년 1월, 부엉이들이 임금의 정전이나 침전에 자주 날아들었다. 태종에게 부엉이들은 이미 새가 아닌 귀신이었다.

"눈이 네 개 달린 방상씨 가면을 쓰고 궁궐을 수비하라!"

하지만 부엉이들은 가면을 보고도 놀라지 않았다.

"정월 보름날 밤에 등불을 켜는 것은 옛날 군왕들도 행한 바 있으니 나도 이를 본받으려 한다." (1411년 1월 15일)

밤에 자주 출몰하는 부엉이가 무서웠던 임금은 정월 대보름날 밤 대전 안에 불을 환하게 밝히라고 지시했다. 그리고 열흘 뒤인 1411년

1월 26일, 창덕궁에 부엉이가 자주 출몰하니 해괴제를 지내라고 지시했다.

"태백성이 낮에 나타나기를 3일 동안 하였고, 밤에 부엉이가 창덕궁 서쪽 모퉁이에서 우니, 일관日官이 기양祈禳하기를 청하였다. 임금이 말하기를,

'궁정이 산기슭에 가깝기 때문에 간혹 와서 우는 것이니, 기양할 것 없다.'

하고 다시 명하기를,

'지난번에 부엉이가 정전에서 울기에 동문 밖으로 피방하였는데, 지금 정월에 또다시 우니 제사를 지내어 기양함이 좋겠다.'

하였다."

"이제부터 궁궐 귀신을 물리치는 '구나驅儺' 행사를 하라. 방상씨 탈을 쓰고 처용무를 추면서 악귀를 쫓는 놀이를 벌이라."

방상씨는 악귀를 쫓는다는 신이다. 그것은 중국에서 행하던 귀신 쫓는 놀이의 일종인데 태종은 이것을 연말이나 연초에 궁궐에서 꼭 거행하게 했다. 검은 옷이나 붉은 치마를 입은 방상씨는 눈이 네 개 그려져 있는 가면을 쓰고 곰 가죽을 둘러쓴다. 그리고 행렬 맨 앞에서 창과 방패를 들고 도망가는 귀신을 더 멀리 쫓는 몸짓을 한다.

방상씨

효과가 있었던 것일까? 부엉이 울음소리가 그치고 궁궐 주위를 맴돌던 부엉이들도 사라졌다. 하지만 잠시뿐이었다. 다시 나타난 부엉이는 그 숫자가 더 많아졌다.

1411년 8월 12일, 죽은 지 15년 만에 신덕왕후의 무덤이 새롭게 단장됐다. 그날 정릉에는 승도들이 가득했다. 약 2천 명의 승도들이 정릉 천장(무덤을 다른 곳으로 옮김)에 공을 들인 대가로 임금에게 맛있는 음식을 제공받았다.

"한 맺힌 여인의 악한 마음을 잠재울 주문을 외워라! 《금강경》을 낭송하게 하고 하늘로 승천하지 못한 여인의 악한 기운을 이곳 정릉에 묻게 하라!"

죽은 여인의 영혼을 위로하는 제사가 아니었다. 저주를 가득 품고 자신을 끊임없이 괴롭히는 여인의 영혼을 영원히 잠재우기 위한 행사일 뿐이었다. 두 동생들에게 측은지심을 가졌던 임금은 끝내 신덕왕후와는 화해하지 않았다. 산 자가 용서와 화해를 청하지 않으니 죽은 자의 독한 원한은 그 후로도 오랫동안 계속됐다. 1416년 8월 21일 《실록》에는 이런 글이 실려 있다.

"임금이 좌우에 이르기를,

'계모란 무엇을 말하는 것인가?'

그러자 유정현이 어머니가 죽은 뒤 뒤를 이은 여인을 계모라고 한다고 답했다. 임금이 말했다.

'그럼 정릉(신덕왕후)이 내게 계모가 되는가?'

유정현이 대답하기를,

'그때에 신의왕후가 승하하지 않았으니 어찌 계모라고 할 수 있겠습니까?'

그러자 임금이 말했다.

'그렇다. 나는 정릉에게 조금의 고마움도 없다.'"

이런 태종의 마음 때문인지 그 뒤를 이은 세종은 정릉 관리를 신덕왕후의 집안사람에게 맡긴다고 공언하고 일체의 지원을 끊어버렸다. 그 뒤 정릉은 258년 동안 버려진 무덤처럼 존재하다 1669년(현종 10년) 송시열의 건의로 다시 보수하고 그해 왕후의 기신제를 행했다. 처음에는 제삿날이 8월 11일인 줄 알았다가 다시 상고하여 8월 13일로 변경했다.

한양을 다시 만들다

정릉을 옮기고 태종은 한동안 한양을 비웠다. 1405년 한밤에 개성을 떠나 한양으로 환도했던 태종은 아버지가 죽은 뒤 다시 한양이 싫어졌다. 그래서 1409년 봄, 한식을 핑계로 어머니의 무덤을 찾아가 개성 유후사留後司에서 일주일을 머물렀고 또 그 다음 해에도 그랬다. 개성 유후사는 태종이 왕위를 세종에게 물려주고 여러 별궁으로 전전하던 때에 유일한 마음의 휴식처였다.

1411년 5월 태종은 경복궁 수리를 명하면서 근정전 옆 작은 연못을 크게 넓히고 중국 사신에게도 자랑할 수 있는 누각을 만들라 지시했다. 그 일에는 박자청이 적임자였다. 고려 말 내시였던 그는 1392년 새 왕조가 들어서자 궁문을 지키는 갑사로 변해 있었다. 그는 세자 방석이 궁을 출입하려 하자 왕명이 없었다는 이유로 출입을 막았던 인물이다. 화가 난 방석이 그를 구타했지만 끝내 궁문은 열리지 않았다. 이 소식을 들은 이성계는 궁문을 지키는 자의 본분을 지킨 것이라며 크게 칭찬했다. 그러나 이런 기록에도 불구하고 그는 수수께끼 같은 인물이었다.

박자청은 머리가 비상했을 뿐 아니라 주역에도 해박했다. 그는 각종 공사에 주역과 풍수의 원리를 접목시켜 결국 나라의 건축물을 조성하는 총책임자인 공조판서 자리에까지 올랐다. 정도전이 기틀을 마련한 경복궁을 박자청이 세밀하게 다듬었다. 그는 태종이 구상한 한양의 기본 골격을 완성시켰다. 신덕왕후의 능을 한양 한복판에서 지금의 정릉 위치로 옮기는 일을 주관했으며 또한 태조 이성계의 건원릉도 그가 만들었다.

귀신들이 득실거리는 한양 한복판으로 물길을 끌어들여 남과 북이 연결되는 다리를 만들어야 한다고 주장한 것도 박자청이었다. 1411년 윤 12월 1일, 한양을 가로지르는 청계천 준설공사를 시작했다. 1412년 2월 15일까지 약 5만 명이 동원됐으며, 64명이 병들어 죽었다. 준설공사 덕분에 매년 물이 넘쳐 홍수가 나던 일은 반복되지 않았다.

1412년 4월 2일, 드디어 경회루가 완성됐다. 누각의 이름은 하륜이 지었다. 가장 멋진 건축물을 만들었지만 어려운 공사라 희생이 컸다. 중국의 사신들은 경회루를 보고 감탄을 자아냈다. 자금성에 비한다면 경복궁의 규모는 아주 작지만 경회루는 중국에서도 볼 수 없는 멋진 건축물이라고 칭찬을 늘어놓았다.

경회루의 연못은 남북 113미터, 동서 128미터의 규모인데 주변을 걸으면 한양을 감싸고 있는 인왕산이나 북악산이 연못 속에 노닌다. 경회루의 밤풍경도 장관이다. 둥근 달이 환하게 경복궁을 비추는 보름날이면 하늘에서 빛나는 것만큼이나 밝은 달이 연못에 또 하나 떠있다. 그리고 그 주위로 별이 희미하게 반짝인다. 그래서 경회루 연못은 또 하나의 세계다.

경회루가 완공되자 창고처럼 쓰이던 경복궁은 다시 궁궐의 위용을 드러냈다. 태종은 이것을 계기로 다시 경복궁에 마음을 붙이려 했다. 하지만 경회루가 만들어지기 전 그곳은 태조 이성계와 신덕왕후 강씨가 부부의 애틋한 정을 나누던 작은 연못이었다. 그래서 그랬을까?

경회루가 세워진 지 얼마 안 돼 지붕 공사를 마무리하던 사람들이 건물이 무너지는 바람에 연못 속에 빠져 죽었다. 경회루 밑을 떠받드

경복궁 경회루

는 것이 죽은 자들의 영혼이라는 소문이 돌았다. 경회루를 만들면서 파낸 흙을 쌓아놓은 곳은 아미산이라 불렸다. 아미산에는 죽은 자들의 영혼도 함께 묻혔다. 그래서 그럴까? 아미산에는 언제나 음산한 냉기가 흘렀다. 밤이 되면 경복궁 아미산 옆에 높이 솟아 있는 굴뚝에 귀신들이 어른거린다는 말이 돌았다. 경회루를 건설하면서 죽은 사람들을 위해 태종은 위령제를 지내도록 했다. 아미산 곳곳에 갖가지 꽃과 나무들을 심었는데 이곳에 부엉이들이 자주 찾아와 아미산은 부엉이들의 놀이터가 됐다.

경회루가 완성된 지 1년 만인 1413년 5월 16일, 조선의 수도 한양을 대대적으로 정비하는 사업이 대략 완성됐다. 종루에서 경복궁(서

경복궁 아미산
이곳에 부엉이들이 자주 날아들어 궁궐 사람들을 두렵게 했다.

북지역), 창덕궁에서 종루(동북지역), 숭례문 안과 밖(남쪽지역)으로 행랑 1,360칸이 박자청의 감독하에 만들어졌다. 이렇게 해서 태조 이성계가 도읍을 정한 뒤 내란의 소용돌이 속에 한동안 버려졌던, 그래서 한 나라의 수도로서 제 역할을 하지 못했던 한양은 어느 정도 그 모습을 갖추게 되었다.

경복궁의 불길한 기운

경복궁은 한여름에도 서늘하다. 경회루의 옛날 이름은 양정凉亭이다. '서늘한 정자'라는 뜻이다. 경복궁에서 한여름을 나던 임금들은 담력을 시험받곤 했다. 문이 저절로 열리고 닫히는 것은 귀매鬼魅(귀신과 도깨비)들의 귀여운 장난이었다.

경복궁의 이름을 지은 사람은 정도전이다. 그는 "이미 술에 취하고 이미 덕에 배부르니 군자 만년 그대의 큰 복을 도우리라!旣醉以酒 旣飽以德 君子萬年 介爾景福"라는《시경》의 구절 가운데 '복을 빈다'는 뜻인 '경복景福'을 따와 궁궐의 이름을 '경복궁'이라 지었다. 하지만 경복궁은《시경》의 뜻처럼 복스러운 궁궐이 되지 못했다.

풍수적으로 논란이 심했던 경복궁. 흉한 터에 들어선 궁궐이라 그랬을까? 아니면 한을 품고 죽은 이들 때문일까? 세종은 경복궁을 지키기 위해 30가지가 넘는 병을 앓다가 죽었다. 문종은 아버지 세종을 보필하느라 30년 동안 경복궁 동궁에서 피나는 사투를 했고 임금으로 재위한 지 2년 3개월 만에 죽었다. 그리고 너무 어렸던 문종의 아들 단종은 비참하게 목이 졸려 죽었다.

이런 비극적인 역사 속에 경복궁은 버려지고 방치되다 임진왜란

때 불탄 후로는 폐가처럼 있었다. 경복궁을 재건하는 데에는 276년이라는 시간이 필요했다. 그동안 궁궐은 한양의 중심에서 흉물스럽게 버티고 있었다. 경복궁은 왜 그토록 오랜 세월 동안 버려져 있었을까?

물이 마르고 임금이 갇히는 흉한 터

이성계는 한양으로 도읍을 정한 뒤 1394년 9월 1일 조성도감(궁궐을 짓고 수리하거나 특별한 건축 토목 사업을 위해 임시로 설치한 관청)을 설치하고 개국 공신 심덕부를 총책임자로 삼았다. 그는 1380년에는 왜적을 물리치는 데 큰 공을 세웠고, 1385년에는 동북면을 약탈하는 여진족을 정벌했으며, 1388년에는 이성계와 위화도 회군을 함께했다. 그리고 세종의 장인인 심온의 아버지이며, 이성계의 딸 경선공주를 며느리로 삼아 왕실과는 겹사돈이었다.

경복궁은 공사를 시작한 지 1년 만인 1395년 9월 29일 완공됐다. 그리고 정도전이 새 궁궐의 이름을 경복궁이라고 지었다. 그런데 이상하게 궁궐이 우울하고 어두워 3년 뒤인 1398년 4월 23일 궁궐 도색을 다시 했다.

1399년 2월 말 정종은 낮에는 까마귀, 밤에는 부엉이가 경복궁 주위를 돌며 울자 개성으로 돌아갈 것을 지시했다. 태종은 7년 만에 개성에서 한양으로 환도하였지만 경복궁으로 들어갈 마음이 없었다. 그래서 1399년부터 경복궁은 사람이 살지 않는 궁궐이 되었다. 사람이 살지 않는 궁궐은 점점 흉가처럼 변해갔다. 태종은 중국 사신이 왔을 때에만 낮에 잠시 경복궁에 있다가 사신 접대를 한 뒤에는 곧바로 창덕궁으로 이동했다.

경복궁으로 환궁하길 꺼려했던 태종. 임금은 계모와 정도전의 혼이 서린 그곳이 기분 나빴다.

"현비顯妃가 새 대궐 후청後廳에 나가 역승役僧과 여러 목공·석공들에게 은혜를 베풀었다." (1395년 9월 9일)

9월 9일은 중양절이었다. 국화꽃이 만발한 계절, 신덕왕후는 인부들 앞에 국화전을 내온 뒤 술을 한 잔씩 돌렸다. 그리고 왕비는 임금과 자신의 사랑을 맺어준 우물가의 버드나무를 잊지 못하고 경복궁 곳곳에 버드나무를 심게 했다. 능수버들, 왕버들, 무늬버들…… 종류도 다양하게 심었다. 경복궁은 신덕왕후의 애정이 담긴 궁궐이었다. 그래서 사람들은 신덕왕후가 죽은 뒤 궁궐을 기웃거리는 부엉이를 신덕왕후가 환생한 것이라고 생각했다.

개성에서 한양으로 환도한 뒤 약 8년 동안 경복궁은 명나라 황실에 바칠 처녀들을 공출하는 장소나 임금과 신하들의 단합대회인 회맹제 등이 열리는 연회 장소로 사용하는 것 이외에는 문을 굳게 닫고 사람 출입을 금하게 했다.

경복궁 버드나무

1413년 5월 16일 비로소 경복궁 주변 행랑 건설이 완료되고 한양이 수도로 자리를 잡아가자 태종은 보름 뒤인 6월 2일 캄캄한 밤에 갑자기 창덕궁에서 경복궁으로 이어를 했다. 겉으로는 더위를 피해 잠시 머무는 것이라고 했지만 경복궁에 마음을 붙이고 한번 살아볼 요량이었다. 그렇다고 창덕궁을 완전히 비운 것은 아니고 대전 내관 몇 명과 왕명을 전달하는 승정원이 경복궁으로 이동한 간단한 이어였다. 임금과 왕비의 거처가 다른 것은 보기에 좋지 않다는 신하들의 의견을 받아들여 1413년 6월 13일 정비 원경왕후도 경복궁에 들어왔다. 신하들은 왕비와 임금이 한 궁궐에 함께 있으니 나라의 복이라고 고개를 조아리며 반겼다.

"임금이 경회루 아래에서 말 위로 올라타 나가니, 가까운 신하들도 어디로 가는지 알지 못하였다." (1413년 6월 28일)

꽤 오랫동안 비가 내리지 않아 숨이 막힐 정도로 답답하다 느끼던 임금은 어둠이 채 가시지 않은 궁궐을 빠져나와 수행하는 군사도 없이 말을 타고 어디론가 한참을 달렸다. 임금의 행방이 묘연하자 궐 안에는 비상이 걸렸다. 곧 군사들을 풀어 수색하게 했다. 이때 임금은 일본에서 귀화한 평도전이란 장수를 만났는데 마음 씀이 가상하다며 특별히 군사들에게 아침밥과 술을 주라 명했다.

태종이 경복궁에서 머물던 1413년 여름 한 달 동안 비가 내리지 않아 매일 기우제를 지내다시피 했으며 지방에서는 맹인들을 모아놓고 기우제를 올리게 했다.

"경복궁에 온 지 한 달이나 됐는데 난 이곳에 갇힌 듯하다. 목이 탄다. 왜 이리도 맑은 날만 계속되는 것이냐? 영혼이 맑은 남자 아이들에게 도마뱀을 주고 기도를 올리게 하라!"

"일본에는 가뭄이 들었을 때 중들이 강에 사리舍利를 가라앉히고 소고小鼓를 울리며 기도하는 풍습이 있습니다. 그렇게 하면 비를 얻을 수 있다고 합니다."

임금은 일본에서 귀화한 평도전의 주장을 받아들여 일본식 기우제도 지내게 했다.

"빛을 잃은 자들이 맹인들 아니더냐? 그들이 모여 기도를 올리면

경복궁 궁궐 안
경복궁 궁궐 안은 그늘이 지면 한낮에도 서늘한 기운이 감돈다.

햇볕 쨍쨍하던 날에도 갑자기 비가 쏟아질 것이다. 그러니 맹인들을
모아 기도를 올리게 하라. 빛을 삼키는 그들의 능력을 보고 싶구나."

광화문 안으로 들어온 천 명의 맹인들이 기도를 올리기 시작했다.
밤새 꼬박 횃불을 밝히고 기도를 올렸다. 신기한 일이 일어났다. 다음
날 새벽 해가 뜨지 않았다. 맹인들이 모은 기가 해를 삼킨 것이다.

"비다!"

아침부터 빗방울이 떨어지기 시작했다. 광화문에서 비를 맞고 있
던 맹인들은 지팡이를 집어던지며 환호했다. 그리고 태종은 그들에게
쌀 한 섬씩을 지급했다.

'물처럼 자연스럽게 정치를 하라'는 아버지의 유언 때문이었을까?

64

태종 이방원은 비가 오지 않는 것을 가장 가슴 아파했다. 비가 열흘 이상 오지 않으면 조바심이 지나쳐 광기를 드러냈다. 맹인들이 가장 많은 기도를 했고, 무당들도 모아 기도를 올렸다. 또한 사내아이들을 모아놓고 기우제를 올리기도 했다.

1413년 7월 1일 상왕 정종의 탄신일을 맞아 태종은 신하들을 모아놓고 경회루에 모여 연회를 열었다. 그런데 술잔을 들던 풍산군 심귀령이 입에 거품을 물고 갑자기 쓰러졌다. 거마車馬에 실려 집으로 돌아온 그는 그날 밤을 넘기지 못하고 죽었다. 날이 무척 더워 늙은 신하들이 숨을 거두는 일이 연일 일어났다. 상산부원군 강계권, 참찬의정부사 최유경, 월천군 문빈 등이 잇따라 숨을 거두었다.

"이것이 무슨 괴변의 전조인가?"

하륜이 답했다.

"전하! 관악의 기운이 숭례문에서 멈춰야 합니다. 그러므로 숭례문에서 용산까지 긴 운하를 건설함이 좋을 듯합니다. 그곳에 물고기가 노닐면 그 억센 화기를 잠재울 수 있습니다. 전하의 고귀한 신하들이 모두 풍을 맞아 죽은 것은 관악산의 화기 때문입니다."

태종은 하루 내내 고민하다 박자청을 불렀다.

"얼마나 걸리겠는가?"

"한 달 동안 1만 명이 공사를 하면 될 듯합니다."

임금은 그날 밤 늦은 시각까지 고민하며 하늘을 쳐다보았다. 그때 갑자기 놋그릇만한 별이 반짝였다. 북쪽에서 갑자기 나타나 경복궁 밤하늘 위를 선회하던 별은 한참을 궁궐 위에서 맴돌다 사라졌다. 임금은 즉시 서운관에서 밤 시간을 알리는 관리 조호선에게 그 별의 행방을 물었다. 조호선은 졸린 눈을 비비며 어리둥절해했다. 이에 화가 난 임금은 곧바로 그를 감옥에 넣어버렸다.

다음 날 하륜이 입궐하자 다시 운하 건설 논란으로 자못 의견이 분분했다. 그런데 임금은 이미 운하 건설을 포기하기로 마음을 가다듬은 눈치였다. 도성 건설, 경회루 건설, 창덕궁 건설, 정릉 이전, 건원릉 공사 등 계속된 토목공사로 지친 백성들에게 또다시 운하 건설을 지시할 수 없었다. 그러나 태종의 마음 한편에는 운하 건설에 대한 미련이 남아있었다.

"숭례문에서 용산강에 이르기까지 운하를 파서 배들이 통행하게 한다면 좋은 일이다. 그러나 대개 우리나라 땅은 모래땅이라 물이 차지 않을까 염려된다. 그대들 생각은 어떠한가?"

그러자 신하들 모두가 못할 것이 없다고 자신 있게 답하는데 의정부 찬성사 유양만이, 운하 건설은 다시 백성들을 괴롭히는 일이니 불가하다고 반대했다. 박자청은 땅들은 대개 물을 채우고 벼를 재배하는 것이니 반드시 샌다고 볼 수 없다고 말했다. 그리고 1만 명이 한 달 일을 하면 될 것이니 맡겨만 주면 멋진 운하를 건설할 수 있다고 장담했다. 그러나 임금은 손을 내저었다.

"이 일은 불가하다. 없던 일로 하라."

1413년 7월 29일 태종은 경복궁에서 다시 창덕궁으로 이어했다.

"무섭구나. 내가 아끼는 많은 신하들이 갑자기 죽고 백성들은 가뭄에 힘들어하고 있다. 숨이 턱턱 막히는 이 저주받은 궁궐에서 떠나지 않을 수 없구나. 이곳은 사람을 말려 죽이는 터로구나."

경복궁 건설이 한창일 때 하륜은 이런 말을 했다.

"산이 갇히고 물이 마르니 왕이 사로잡히고 후손이 멸할 기운을 가득 가지고 있습니다."

"나도 그 말에 동감한다. 그렇지만 이미 전각이 다 갖추어졌고, 사신을 대접하는 일을 이곳에서 해야 하기에 나는 경회루를 짓고 그 옆에 창덕궁을 따로 지었다. 올해에는 경복궁 귀신들의 장난이 유독 심하구나."

경복궁은 그래서 그 뒤로 오랫동안 비어 있었고 사신 접대와 국가의 큰 행사가 있는 특별한 날에만 개방됐다.

태종은 창덕궁으로 환궁한 뒤 갑자기 한양을 33일 동안 비웠다. 하륜의 제안에 따른 것이다. 그래서 충청도 유성 온천에서 몇 날 보냈고 전라도 완산 등지를 순회했다. 1414년(태종 14년) 한 해는 임금이 한양에 머문 날보다 돌아다닌 날이 더 많았다. 1415년 6월 29일 창덕궁에서 경복궁으로 다시 이어했다. 민무구와 민무질 두 명의 처남을 죽인 태종은 또 남은 두 명의 처남 민무휼과 민무회를 귀양보냈는데, 이 일로 아내와 함께 있기가 불편해지면서 경복궁으로 거처를 옮겨 별거에 들어간 것이다. 그리고 7월 12일 사경(새벽 1시에서 3시)에 경복궁 융문루 지붕에서 부엉이가 슬피 울었다. 그곳은 주로 왕실의 서책을 보관했던 곳이다.

도망 다니는 임금

1413년과 1415년 두 해 각각 약 한 달씩 경복궁으로 이어해서 정을 붙이려던 태종은 자기 주변을 감시하듯 나타나는 부엉이를 보며 경복궁에 대한 미련을 버렸다. 그리고 창덕궁으로 돌아가 다시 묘심猫心(고양이 마음)을 갖기 시작했다. 살아남은 두 명의 처남을 다시 의심하게 된 것이다.

1415년 12월 15일, 임금이 한 노파를 만났다. 20년 전, 주인을 배신하고 태종의 아이를 임신했던 신덕왕후의 몸종 효빈 김씨가 아이를 출산하던 때 산파 노릇을 했던 노파는 당시의 일을 임금에게 전했다. 노파는 효빈 김씨가 아이를 낳자 원경왕후가 그 아이를 추운 날 길바닥에 버리게 했던 일 등을 자세하게 이야기했다. 태종은 '원경왕후를 왕비 자리에서 폐하고자 한다'는 교지를 춘추관에 내렸다. 왕비가 왕손인 경녕군과 그의 어미를 추운 겨울날 바깥에서 얼어 죽게 내버려둔 것을 이유로 삼았다. 그리고 이틀 뒤 태종은 두 명의 처남을 감옥에 가두었다. 임금을 원망하고 있다는 것이 죄목이었다.

'저들을 당장 죽이고 싶다. 하지만 장모 송씨가 위독하니 장모가 저 세상으로 떠난 뒤에 저들을 버리련다.'

신하들은 이런 임금의 마음을 받들어 집요하게 두 처남들에게 죄를 물었다. 두 사람에게 죄를 청하는 것으로 자신에 대한 충성도를 확인한 임금이었다.

1416년 1월 10일, 세자 양녕대군이 연회 자리에서 술에 취해 임금께 아뢰었다.

"죄인 둘을 서둘러 법대로 처결케 하소서!"

3일 뒤, 임금의 처남인 민무구와 민무질이 사약을 마시고 죽은 뒤 6년 만에 남은 두 명의 처남인 민무회와 민무휼이 자결한다. 두 사람은 평소 형들이 죽은 것에 앙심을 품고 임금을 공공연하게 원망했다는 죄목으로 청주에 유배돼 있었는데 세자가 자신들을 버렸다는 소리를 듣고 자결해버린다. 그날 《실록》의 기록은 두 사람의 죽음을 이렇게 설명했다.

"원주목사가 군사들을 이끌고 두 사람을 에워싸 자진하길 독촉하니 그들이 스스로 목을 매 자살했다."

1416년 1월 15일, 태종은 정월 대보름 놀이를 하지 말라고 명했다. 남아 있던 처남들까지 모두 죽인 태종은 대보름 행사를 전면 취소하고 궁궐 수비를 한층 더 강화했다.

1418년 1월 26일, 태종 이방원이 가장 사랑했던 아들 성녕대군 이종이 완두창에 걸렸다. 머리카락이 빠지고 얼굴에 물집이 생겨 고통이 몹시 심했다. 열세 살짜리 어린아이가 감당하기 힘든 병이었다. 남편의 사랑을 받지 못한 원경왕후가 처가 식구들이 하나둘 죽어가는 비참한 상황에서 그나마 위안을 얻을 수 있는 것은 막내아들 이종이 있기 때문이었다. 태종도 종종 "부처가 환생해 내 아들로 왔구나!"라고 말하면서 이종을 칭찬했다.

이종의 얼굴 전체에 저승꽃이 만발했다. 까만 얼굴은 보기 흉하게 썩어가고 있었다. 착한 성품을 지니고 태어난 아이는 검은 고름을 뚝뚝 흘리고 있으면서도 아버지가 찾아오면 웃음을 지으며 말했다.

"걱정하지 마세요, 아버지. 곧 일어날 거예요."

늘 이렇게 아버지를 안심시키던 아들이었다.

1418년 2월 4일, 이종은 병이 난 후 열흘을 넘기지 못하고 숨을 거두었다. 태종은 막내가 죽은 뒤 한동안 정사를 돌볼 생각을 하지 않았다. 궁궐 곳곳이 바로 아들이 놀던 장소들이라 가만히 있어도 눈물이 났다.

"늙으니 눈에서 자꾸 눈물이 흐르는구나. 짐을 싸라! 궐 곳곳은 이종이 놀던 곳이다. 저 모퉁이를 돌아가면 그 아이가 '아버님!' 하고 달려들 것 같다."

"어디로 모실까요?"

판내시부사가 물었다. 한참을 망설이며 대답하지 못하던 임금은 탄식했다.

"갈 곳이 없구나! 어디를 가도 쉴 곳이 없는데, 가면 어딜 간다는 말이냐?"

2월 10일 이양달이 길한 방위로 경복궁을 추천하자 임금이 그곳에 머물렀다. 창덕궁이 싫어 경복궁으로 옮겼지만 그곳은 이미 사람이 살 곳이 아닌 듯했다. 태종은 신하들에게 큰 소리로 말했다.

"개성으로 가자!"

신하들은 날이 풀려 땅이 질퍽거리니 불편함이 한두 가지가 아니라며 반대했다. 하지만 사실 그것은 핑계일 뿐이었다. 개성 백성들이 태종을 반기지 않으니 무슨 불상사가 생길지 몰라 반대한 것이다. 태종은 뜻을 굽히지 않았다. 개성에는 어머니 신의왕후의 무덤인 제릉이 있었다. 태종에게는 개성이 마음의 고향인 셈이었다.

"나 혼자 갈 것이니 세자와 중전의 처소는 절대 옮기지 말게 하라! 세자에겐 일상적인 것을 맡겨라. 중요하고 급한 일은 나에게 반드시 보고하라."

의심병은 태종을 가만히 두지 않았다. 태종은 개성에 머물면서 세자를 교체하기로 마음을 굳혔다.

'세자를 믿지 못하겠다. 나를 닮은 자식은 안 된다.'

태종이 세자인 양녕대군을 싫어한 첫 번째 이유는 양녕대군이 학문을 싫어하고 사냥을 좋아하기 때문이었다. 태종은 재위 기간 내내 궁궐에 마음을 두지 못하고 산천을 누비며 사냥을 하러 다녔다. 그렇게 활을 어깨에 메고 사냥하러 다닐 때가 가장 행복했다. 그건 그의 천성이었다. 그런 천성을 양녕대군이 닮은 것이다.

　'권력은 사람을 이롭게 해야 하거늘, 권력을 쥔 자가 사람을 힘들게 한다면 땅이 마르고 살아있는 것들은 바싹 말라 죽을 것이다. 이런 악순환은 나로 끝이 나야 한다. 나와 같은 임금은 두 번 다시 나오면 안 된다.'

　결국 태종은 왕위를 충녕대군(세종)에게 물려주었다.

　1418년 8월 9일 판내시부사 노희봉을 불러 경복궁을 지키게 했다. 그리고 승지들에게 명해 경복궁에서 국새를 지키며 잠을 자게 했다. 태종은 늙은 환관 노희봉을 보며 말했다.

　"내일 나는 세자의 즉위식을 볼 것이다. 너는 오늘 밤 경복궁을 지켜라! 그 궁궐이 무섭더냐? 귀신이라도 나올 것 같으냐? 그래도 이겨내라! 내일이 기다려진다. 성균관 유생들 모두에게 술을 내려라. 그들이 경복궁에서 밤새 불을 환하게 밝히고 술을 마시게 하라. 세자 충녕은 학문으로 세상을 이롭게 할 것이며 그가 임금이 되는 날은 문예 부흥기를 맞을 것이다. 나처럼 칼로 세상을 지배하려는 지도자는 더이상 나타나면 안 된다. 나처럼 또 사람들을 죽이면 안 된다. 내일 즉위식

경복궁 근정전
이곳에서 조선의 4대 임금 세종이 즉위했다.

은 경복궁에서 열 것이다.

부엉이들도 귀신들도 이 소식을 듣겠지. 그렇지만 어찌할 것이냐? 그동안 노희봉 너도 고생 많았구나. 18년을 항상 내 옆에서 나를 지켜 주었구나. 의심 많고 변덕 많은 나를 위해 열 번이나 감옥에 갇히고도 너는 힘든 표정 한 번 짓지 않았구나. 내가 부엉이에 쫓겨 이 대궐 저 대궐로 옮겨 다닐 때도 너는 언제나 집이 없는 나를 옆에서 지켜주었 다. 고생했구나. 그러나 오늘 밤 너는 경복궁 근정전에서 내가 준 옥 쇄를 품에 가지고 있다가 내일 새벽 세자의 손에 쥐어주어라! 이 임무 는 네 목숨이 끊어지더라도 지켜야 한다."

1418년 8월 10일 아침, 세자 충녕대군은 경복궁 근정전에서 국새를 받았다. 태종은 자리를 아들에게 물려주며 이렇게 말했다.

"나는 18년 동안 호랑이 등을 타고 살았다. 밤에는 부엉이의 눈을 보며 살았다. 이제 내가 뿌린 악행은 내가 다 가져갈 것이니 너는 새로운 시대를 열거라!"

태종은 왜 그토록 꺼리던 경복궁에서 아들의 즉위식을 거행하게 했을까? 아마도 비합법적으로 권력을 찬탈한 임금이었기 때문에 자신의 아들은 조선의 정궁이란 인식이 강했던 그곳에서 공개적이고 합법적으로 임금 생활을 하게 하고 싶었을 것이다.

집이 많아도 갈 곳이 없다

임금의 자리에서 물러난 상왕은 임금의 자리에 있는 아들을 신하처럼 부렸다. 태종과 세종의 의사소통이 원활하지 못할 때는 환관들이 매를 맞았다. 특히 상왕으로 물러앉은 태종을 보필하던 일흔이 넘은 환관 노희봉이 자주 매를 맞았다. 노희봉은 매에 단련된 내시였다.

"임금의 장인에게 사약을 내려라!"

허리가 구부러진 노희봉은 자기 귀를 의심했다. 태종은 임금의 장인을 따르는 무리들이 너무 많다고 생각했다. 의심병이 다시 도진 것이다. 외척을 제거하기 위해 처남 넷을 모두 죽인 태종이었다. 태종이 임금의 장인을 죽이기로 마음먹자 권력에 눈이 먼 사나운 자들이 이런 말을 했다.

"그가 한 나라의 병권은 임금에게 있어야 한다는 말을 자주했습니다."

태종은 임금의 자리에서 물러난 후에도 군사 통솔권은 놓지 않았다. 태종은 아버지와 아들 사이를 이간질하는 자는 임금의 장인이라도 살려둘 수 없다고 말했다. 세종의 장인인 심온은 명나라에서 받아온 새로운 임금의 고명誥命을 가지고 있었지만 한양으로 들어오지 못하고 수원에서 머물다 1418년 12월 23일 사약을 받았다. 태종은 잔인했다.

"심온의 집을 적몰시키고 그의 가족들을 노비로 만들라!"

심온의 잘못은 고작 한 가지였다. 그가 새로운 임금을 인준받기 위해 명나라로 갈 때 그 행렬이 유난히 길어 태종의 의심을 산 것이다.

"꿈자리가 너무 사납다."

장인이 죽은 다음 날 세종은 문소전 제사를 직접 지내지 못하고 아헌관 박은에게 대신하게 했다.

제사가 끝난 뒤 임금은 불편한 몸을 이끌고 수강궁으로 아버지를 뵈러 갔다.

태종은 아들을 맞이하며 큰 소리로 말했다.

"주상이 나를 성심으로 위로하니, 내가 어찌 감히 즐기지 않겠느냐. 술을 가져와라!"

세종이 대답했다.

"신이 비록 술은 마시지 못하나 몸은 이미 편안합니다."

태종은 이 말에 흡족하여 자리에서 일어나 춤을 추었다. 그러자 여러 신하들이 일어나 모두 함께 춤을 췄다. 밤이 이슥한 시간에 연회가 파했다.

1418년 12월 25일, 임금의 사약을 들고 갔던 이양은 심온이 이미 스스로 목숨을 끊었다고 보고해왔다.

세종의 정비 소헌왕후는 시아버지를 보려 하지 않았다. 그리고 언젠가는 며느리인 자신도 죽일 것이라고 생각했다. 며느리는 살기등등한 시아버지의 시선을 외면했다. 태종 역시 자기를 피하는 소헌왕후를 싫어했다.

임금 자리를 아들에게 물려준 태종은 창덕궁에 있었다. 세종은 잠저인 장의동에서 당분간 생활하면서 그 사이 창덕궁을 확대해서 짓고 또한 상왕이 머물 수강궁 공사를 서둘러 진행했다. 1418년 11월 초 수강궁이 완성되자 상왕 태종은 그곳에서 생활했다. 그러나 수강궁에도 마음을 붙이지 못한 태종은 한강 주변에 경관 좋은 별궁을 하나 짓게 했다. 그곳이 바로 낙천정이다. 《주역》의 '낙천지명고불우樂天知命故不憂', 하늘의 뜻을 알고나니 근심할 것 없고 그냥 즐겁게 노닌다는 뜻의 앞 글자 '낙천'을 따서 이름을 지었다.

"좋구나! 이곳에는 부엉이들도 날아오지 않을 것이다. 설마 이곳까

낙천정

지 그 저주의 새들이 올 것 같지는 않구나."

태종을 모시는 세종은 힘이 들었다. 하루도 빠짐없이 문안 인사를
드리기 위해 도성을 가로질러 남산 기슭 한편에 자리한 낙천정으로 상
왕을 찾았다.

그런데 놀라운 일이 생겼다. 낙천정에도 부엉이가 출현했다. 1419
년 11월 23일 사관은 태종의 말을 《실록》의 기사로 실었다.

"근일에 부엉이가 와서 우는데, 옛날부터 있던 일이라 괴이하게 생
각지는 않는다. 그런데 《운회韻會》라는 책을 보면 '유鵂(올빼미)' 자를 풀
이하기를 '유는 새 이름인데 울면 흉하다' 하였으니 나는 피해 있고자
한다. 개경 같은 데는 물을 건너야 하고 또 길이 멀어서 내가 전년에

왕래할 때 폐단이 많은 것을 잘 알고 있으므로 포천과 풍양에 별궁을 짓고자 한다. 그러나 집 짓는 일은 맹세코 국가의 힘을 괴롭게 하지 않고자 하니 최대한 소박하게 하라."

세종은 영의정에게 태종이 원하는 곳에 서둘러 별궁을 짓도록 지시했다. 그리고 아버지가 있는 낙천정으로 갔다. 쉰세 살의 태종은 하룻밤 사이에 노인으로 변해버렸다. 흰머리가 수북했고 눈가의 주름은 더 깊어졌다. 밤새 부엉이에게 시달린 태종은 임금의 문안 인사를 받고 간신히 몸을 추슬러 일어났다.

"이상한 일이다. 강변 근처에 웬 부엉이냐? 불길한 기운이 내 주변을 맴돌고 있다. 나는 간밤에 한숨도 못 잤다. 한밤중에 부엉이가 내 방문 앞에서 우는데 그 소리가 너무도 처량했다. '아이고 아이고' 이런 소리가 나서 문을 열었더니 담장 위에서 부엉이 놈이 그렇게 울더라. 놀랐다. 간담이 서늘하더구나. 이 무슨 해괴한 일이냐? 울어도 어찌 그리 사람 소리처럼 운단 말이냐?"

"간밤에 날씨가 추웠습니다. 추위 때문에 부엉이가 전하의 방문 앞에서 오들오들 떨었을 겁니다. 무슨 다른 흉한 징후가 있겠습니까?"

"아니다. 네가 방문에 비친 부엉이 형상을 보지 못해 그런다. 사람처럼 앉아서 우는 모습은 소름이 돋을 만큼 섬뜩했다. 옛날부터 흉조를 피해 궁을 떠나 있던 제왕들이 많았다. 나도 그렇다. 부엉이가 궁에 들어오면 좋지 않은 일이 많이 일어나니 내가 움직이면 된다. 풍양

78

궁이 좋을 듯하구나. 그곳은 바람도 부드럽고 흙도 부드러운 남양주 지역이며 주변에 온천도 있고 사냥터도 있다. 한양과 먼 것이 흠이지만 하루나절 걷는 것으로 딱 좋은 곳이다."

태종은 임금과 멀어지면 자신에게 쏠린 권력을 서서히 내려놓기 좋을 것이란 계산도 하고 있었다. 임금을 어려워하지 않고 자신에게 눈치를 보는 신하들 때문에 일부러 한양에서 멀리 떨어진 곳에 별궁을 지으려 한 것이다. 1420년(세종 2년) 1월 2일, 태종은 박자청을 불러 다음과 같이 지시했다.

"동으로는 풍양궁, 남으로는 낙천정이 있으니 서쪽에도 별궁을 하나 지었으면 하는구나. 크고 사치스럽게 하지 말고 백 칸을 넘게 하지 말라."

그래서 생긴 것이 연희궁衍禧宮이었다. 지금의 연희동은 연희궁에서 유래한 이름이다.

"아늑하구나, 좋다! 안산 서쪽 기운은 동쪽 기운보다 아늑하구나. 안산에서 편안하게 뻗은 이곳은 정말 복이 담긴 동네로구나. 북악처럼 불안한 마음도 전혀 없고 편안한 마음이 저절로 생기게 하는 곳이다. 이곳 연희궁 주변에 뽕나무를 많이 심어라! 귀신들이 접근하지 못하게 하라!"

그래서 지금의 연희동 일대에는 큰 잠실蠶室이 있었다. 귀신을 무서워했던 태종의 뜻이 반영된 흔적이다. 태종은 무학이나 하륜의 뜻에

풍양궁 궁궐터
경기도 남양주시 진접면 내각리 주택가에 숨어 있는 풍양궁 궁궐터.
영조가 쓴 비각만이 전각 속에 초라하게 서있다.

따라 무악(현재의 서대문구 안산)을 중심으로 도읍을 정했어야 했다고 생
각했다. 그랬다면 자신처럼 불행한 임금도 나타나지 않고 내란이 지속
되는 불편한 역사도 계속되지 않았을 것이다. 태종은 자신의 살기등등
한 기운이나 사람을 믿지 못하는 기운이 북악에서 내려오는 좋지 않은
기운 때문이라고 자주 한탄했다.

　집이 많아도 갈 곳이 없는 사람이 바로 태종이었다. 경복궁이 싫어
창덕궁을 만들었지만 그곳에서도 거처하지 못하고 수강궁에서 살다가
낙천정에 머물렀으며, 그곳도 불안해지자 풍양궁과 연희궁 등지로 옮
겨 다녔다. 이곳저곳에 자신이 갈 곳을 만들었지만 그 어느 곳도 편치

않았다. 태종은 언제나 떠다니는 구름처럼 그렇게 세상을 떠돌았다.

집권 초반 세종은 아버지 태종의 거처를 찾아다니며 문안 인사를 올리느라 정사를 돌볼 겨를이 없었다. 낙천정도 그렇지만 풍양궁은 거리가 너무 멀었다. 도성에서 40리, 그곳에 다녀오면 해가 저물었다. 1421년 여름 풍양궁에 태종이 머물고 있을 때 큰 물난리가 나서 고립된 적이 있었다. 그런 상황에서도 세종은 태종에게 문안을 드리기 위해 길을 만들어 찾아간 적이 있었다. 무슨 일이 있어도 일주일에 한 번 이상은 태종에게 국사 전반을 의논하기로 되어 있었기 때문이다.

둔갑법을 써서 귀신을 속여라!

세종은 지극한 효성으로 부모를 모셨으며, 궁궐 귀신에게 쫓겨 다니는 아버지와 어머니를 위해 항상 술사들을 대동하고 다녔다. 특히 마음고생이 심했던 어머니에 대한 세종의 정성은 그야말로 감동적이었다. 1420년 1월 17일 대비는 친정에 가서 어머니의 제사를 치르고 돌아왔다. 남편을 잃은 올케들을 보니 마음이 참담했다. 그때까지 원경왕후는 거동이 좀 불편할 뿐 크게 위독하지는 않았다.

"임금이 상왕이 거처하던 풍양에서 대비가 계신 낙천으로 가서 문안을 올렸다. 이날부터 대비의 학질이 시작됐다."

1420년 5월 16일 《실록》의 기록이다. 아버지의 생신이라 새벽에 풍양까지 갔다가 다시 어머니가 계신 한양의 낙천정으로 바쁘게 돌아다녔을 세종이다.

당시 원경왕후의 나이는 56세였다. 남편 태종에게는 아내가 열 명이나 있었다. 하지만 그에게 편안한 여인은 없었다. 남편이 잠자리를 떠돌 때 정비 원경왕후 민씨는 그런 남편을 미워하면서도 한편으로는 가엾게 생각했다.

병이 깊어지자 원경왕후는 귀신에 홀린 것처럼 헛소리를 했다. 세종은 어머니의 병을 낫게 하기 위해 신하들의 반대를 무릅쓰고 무당들이 시키는 대로 행동했다.

"한두 명의 귀신이 몸에 들어온 것이 아닙니다. 복숭아나무 가지를 꺾어 항상 곁에 두게 하세요. 그리고 오늘, 달이 가장 밝은 자정 무렵에 복숭아나무 가지를 직접 들고 북쪽 하늘 방향으로 절을 하세요. 그럼 귀신들이 두려워 물러날 겁니다."

임금이 명했다.

"귀신도 모르게 귀신들이 접근하지 못하는 방위로 어머니를 모셔라!"

세종이 밤에 몰래 대비를 모시고 양주에 있는 풍양궁으로 행차했다. 임금은 쥐도 새도 모르게 움직여야 한다고 강조했다. 임금이 대비를 모시고 토원兎院(퇴계원, 토끼가 떡방아를 찧듯 시름 없이 한가하고 여유로

운 동네라는 뜻)으로 갔다가 동천변東川邊으로 자리를 옮겼다. 다른 왕자와 공주들도 임금과 대비의 행방을 몰랐다. 지형이 험하여 가마가 함께할 수 없는 곳은 수행하는 군인들도 대동하지 않고 임금이 직접 대비를 모셨다. 한 사람이 겨우 지나갈 수 있는 산길도 몇 번이나 나왔다. 태종은 임금에게 충고했다.

"그만하라! 이미 대비의 명은 다한 것이다. 불길한 기운을 피한다고 얼마나 도망 다닐 수 있겠는가? 임금은 창덕궁에 정좌하고 대비는 임금 옆에 모셔라. 그것이 순리다. 임금이 된 아들의 얼굴을 보며 죽는 것도 한 여인이 태어나 누릴 수 있는 호사로움이다. 나이 든 노인 말을 들으라."

"아버님! 어머니께서는 온통 열꽃이 핀 흉한 모습을 드러내시려 하지 않습니다."

젊은 시절에는 웬만한 사내들보다 두둑한 담력으로 남편을 임금으로 만드는 데 큰 공을 세웠던 원경왕후는 남편에게 버림받은 뒤 급격하게 기력이 떨어져 뒷방 늙은이로 전락하고 말았다. 특히 네 명의 남동생이 남편에게 미움을 받아 모두 죽었을 때 여인은 산목숨이 아니었다. 마치 감금당한 것처럼 살았던 시절이었다. 그러나 가끔 주체할 수 없는 분노가 통곡으로 터져 나오면 대궐이 떠나갈 듯 시끄러웠다. 그러다 그 화기를 참지 못하고 자리에 누워버린 것이다.

아무리 뛰어난 여인이라도 남편에게 버림받으면 어찌할 수 없는 것이 조선이란 사회였다. 하지만 여자뿐 아니라 사내들도 마찬가지다. 아내의 품에서 편안함을 즐기지 못한다면 세상을 다 가졌어도 자기만의 방이 없는 것과 마찬가지인 것이다. 세종은 제일 중요한 것이 부부의 화목함이란 것을 잘 알고 있었던 임금이다. 부부의 화목은 곧 음과 양의 조화다. 음과 양의 조화로움이 깨진다면 세상에는 순이 아닌 역의 기운들이 판칠 것이다.

세종은 즉위한 뒤 부모 두 사람을 화해시키는 데 정성을 다했다. 임금의 자리에서 물러난 태종도 그간 아내에게 모진 일을 많이 했다고 생각했는지 화해의 손을 뻗었다. 그리고 아내에게 용서를 구했다. 태종은 세종의 말이라면 무엇이든지 망설이지 않고 다 들어주었다. 여인의 앙금이 쉽게 사그라지지는 않았으리라. 여인에게는 남편보다 병과 싸우는 것이 더 중요했다.

군사 수백 명이 낙천정을 에워싸고 있었다. 임금의 모후를 귀신도 모르고 군사들도 모르게 낙천정에서 개성의 개경사로 빼돌리기 위한 작전이 시작되었다. 군사들이 지키는 그곳에서 도술에 능한 술사 한 사람이 가마를 몰래 빼내 횃불도 켜지 않은 채 야반도주를 준비하고 있었다. 그 옆에는 평복을 입은 임금도 함께하고 있었다. 1420년 6월 6일 《실록》의 기록은 당시의 모습을 아주 생생하게 묘사하고 있다.

"대비를 모시고 개경사에 가서 피병避病하는데, 술사둔갑법을 써서 시위를 다 물리치고 밤에 환관 2인, 시녀 5인, 내노 14인만 데리고 대

84

비를 견여屑輿로 모시어 곧 개경사로 향하니, 밤이 이미 삼경이라. 절에 가까이 이르러 임금이 다만 한 사람만 데리고 먼저 본사에 가서 묵을 방을 깨끗이 쓸고 돌아와 대비를 모시니, 임금과 대비가 절에 머문 지 나흘이 지나도록 두 사람의 위치를 알리지 아니하고 낙천정을 지키는 병사들도 평상시와 같이 수직하니 아무도 임금과 대비의 행방을 알지 못하였다."

도사 해순이 둔갑술을 부려 사람들의 눈을 속이고, 임금과 대비가 개경사 약사전에 도착한 것은 그날 밤 삼경이었다. 도사 해순의 도술로 지키는 병사들도 모르게 낙천정에 누워있던 원경왕후를 상여로 위장한 가마에 태워 자정 무렵 개경사에 도착했다는 이야기다.

"주상! 내 옆에서 떠나지 마세요. 두렵습니다. 어둠이 두렵습니다. 밤마다 귀신들이 나를 얼마나 괴롭히는지 주상은 모를 겁니다."

임금은 도술에 능한 술사들을 원경왕후 주위에 있게 하여 요귀들의 접근을 막게 했다. 세종이 어머니 원경왕후를 살리기 위해 귀신들을 피해 도망 다닐 때 해순은 종종 둔갑술을 부린 듯하다. 개경사로 둔갑술을 부려 이동한 지 또 나흘 만인 1420년 6월 10일 《실록》에는 이런 내용이 적혀 있다.

"임금과 양녕·효령이 대비를 모시고 중 해순으로 하여금 먼저 둔갑술을 행하게 하고 풍양 오부의 집으로 향하려 하였다가 길을 잘못 들어 다른 집에 이르니 집이 심히 좁고 누추한지라, 또 풍양 남촌 주부

注簿 최전의 집을 찾아가서 이에 머물러 기도하였으나 병이 오히려 낫지 아니하였다."

"춥다, 추워!"

한여름이지만 대비 원경왕후는 아들에게 추위를 호소했다. 학질은 살갗 마디마디가 아프고 한여름에도 덜덜 떨면서 높은 고열로 고생하다 결국 죽는 병이다. 춥다며 오들오들 떨던 대비는 아들의 손을 잡으면 스르르 잠이 들었다.

세종은 술사들의 말을 듣고 조선 건국에 공이 큰 곽승우 장군의 집으로, 사윤 이맹유의 집으로, 평양부원군 김승주의 집으로 길이 없으면 길을 만들면서 귀신들이 꺼리는 곳으로 어머니를 모셨다.

임금은 마지막으로 부처님과 할머니 신의왕후에게 의지하려고 어머니를 모시고 동소문(혜화문의 옛날 이름) 밖 흥덕사興德寺로 갔다. 그곳은 신의왕후를 모신 곳이다. 당시 불교는 조선을 세운 태조 이성계의 두 아내 편으로 갈라져 있었다. 교리 중심의 교종이 흥덕사에 신의왕후(이성계의 첫째 부인)를 모시고 있었고 선종 계열의 흥천사가 신덕왕후(이성계의 둘째 부인)를 봉안하고 있었다.

1420년 7월 7일 대비 원경왕후는 거친 숨을 몰아쉬고 있었다. 태종은 세종에게 창덕궁 조용한 곳에 대비를 모시라 명했다. 편안하게 죽음을 돕는 것도 효도라고 임금을 설득했다. 날이 더우니 서둘러 장례 준비를 하라고 말하기도 했다.

1420년 7월 10일 정오에 원경왕후가 죽었다. 민간의 시장은 5일 동안 문을 닫았으며 조정은 10일 동안 조회를 정지하였다. 3일 뒤 소렴을 마치고 대렴을 하여 시신을 재궁 안에 봉안한 다음 창덕궁 광연루廣延樓 옆 명빈전 빈소에 두었다. 임금의 여막이 광연루 옆 개울가에 자리하고 있었다. 이날 저녁에 큰비가 와서 물이 넘쳐 여막을 차린 천막 안으로 들어왔다. 대신들이 모두 임금에게 옮기길 청했다. 하지만 임금은 모후가 고통스럽게 병과 싸우다 돌아가시고 내가 당신을 위해 한 일이 없으니 내가 죽고 사는 것은 지금 돌보고 싶지 않다며 다시 크게 통곡했다. 그러자 이 모습을 지켜보던 주위 신하들이 함께 울었다. 겨우 임금을 설득해서 광연루 아래로 여막을 설치했지만 임금은 까칠한 쑥대로 자리를 깔았다. 대신들이 울며 만류하자 해진 병풍과 돗자리 하나를 더 깔았을 뿐이다.

임금은 상복으로 갈아입고 머리를 푼 뒤 맨발로 마당에 주저앉아 통곡하며 울부짖었다. 그리고 상이 난 후 일주일 동안 아무것도 먹지 않아 모두들 불안해했다. 상왕이 눈물로 아들에게 죽을 주며 먹을 것을 간절히 원하자 임금이 마지못해 한 숟가락 입에 넣었다. 마치 아이에게 밥을 먹이는 아버지처럼 태종은 손수 숟가락을 들고 죽 한 공기를 세종의 입에 넣었다. 그렇게 아들 입에 죽 한 공기가 다 들어가자 안심한 듯 아들 옆 거적자리에 앉아서 미음을 먹었다.

오랜만에 창덕궁에 부엉이가 나타났다. 1420년 8월 18일 부엉이가 돈화문에서 울었다. 원경왕후가 죽은 뒤 꼭 39일이 된 날이다.

태종은 2년 뒤인 1422년 56세의 나이로 죽었다. 아내와 같은 나이였다. 임금의 자리를 물려주고 4년 동안 상왕으로서 국방을 튼튼히 하고 왕권을 강화한 그였다. 그는 죽으면서도 왕권이 튼튼한 조선을 꿈꾸었다. 자신이 저지른 모든 악행은 그 큰 뜻을 위한 작은 희생이라 생각했다. 그러나 잘못된 생각이었다. 작은 것이라 생각했던 것이 오히려 큰 뜻을 얼룩지게 했다.

죽기 두 달 전 태종은 유난히 아들 세종과 사냥을 많이 다녔다. 태종에게는 가장 행복한 시간이었다. 1422년 4월 13일 《실록》에는 "두 임금이 적점·마산 등지에서 사냥하고 포천의 유전에 돌아와 유숙하였다"고 기록되어 있다.

1422년 4월 20일 천둥번개가 치고 큰비가 내렸다. 풍양궁에서 잠을 자던 태종 침실에 번개가 내리쳤다. 너무 놀란 태종은 잠에서 깨어났다.

태종은 벼락을 맞은 뒤부터 풍기가 있었다. 풍양궁의 '풍'자가 태종을 풍 맞게 했다는 말이 돌아 세종은 급히 다른 별궁으로 태종의 거처를 옮겼다. 태종은 죽기 직전까지 계속 귀신들에게 쫓겨 다니는 사람 같았다.

1422년 5월 1일, 태종은 천달방에 있었다. 태종의 건강은 급속하게 나빠지고 있었다. 불과 한 달 전까지 사냥을 다녔던 사람 같지 않았다. 누워 움직이지 못하더니 말도 어눌해졌다. 답답한 임금은 변계량 등에게 성요법(별자리 점)에 따라 길흉을 점쳐보게도 했다. 변계량이 세종에게 말했다.

"구천을 떠도는 원귀들이 한둘이 아닙니다. 술사들을 배치하고 군사들로 겹겹이 에워싸야 합니다."

이 말을 들은 세종은 태종이 누워있는 천달방 신궁 주변에 개미 한 마리도 들어갈 수 없게 했다. 하지만 다음 날, 태종의 병이 더 위독해지자 한성의 모든 성문이 굳게 닫혔다. 나쁜 기운이 사람을 통해 들어오고 나간다고 믿었기 때문이다. 사악한 기운을 퇴치하기 위해 전국 사찰에서 태종의 완쾌를 비는 법회를 열었다. 귀신을 쫓는 데 재주가 있는 무당들에게 대궐 앞에서 벽사를 행하게 했다. 그리고 변계량의 말을 듣고 태종이 있을 곳으로 연화방 신궁을 선택했다. 1422년 5월 8일, 태종이 죽기 이틀 전이었다.

연화방 신궁은 지금의 창경궁 건너편 서울대 병원 자리다. 연꽃이 곱게 핀 동네라 연화방이라 불렀다. 나흘 전 신궁이 완성된 뒤 변계량이 별자리 방위를 놓고 점을 쳐서 이곳으로 태종의 거처를 옮긴 것이다. 서쪽으로는 연희궁, 동쪽으로는 풍양궁, 남쪽으로는 낙천정을 별궁으로 둔 태종이었다. 하지만 그것도 모자라 천달방과 연화방에 각각 신궁을 지었다.

1422년 5월 9일, 세종은 아버지의 죽음이 임박함을 깨닫고 재궁

(관)을 준비하게 했다. 그리고 다음 날 동이 틀 무렵 태종이 숨을 거두었다. 갑자기 하늘이 시커멓게 변하더니 이내 3일 동안 쉬지 않고 비가 내렸다. 죽기 전까지 목이 마르다고 했던 임금인지라 사람들은 이 비를 태종우太宗雨라고 불렀다. 음력 5월 초열흘날 내리는 비. 농촌에서는 태종우가 오면 그해에 풍년이 들 징조라고 여겼다. 비가 그친 뒤 태종의 시신을 연화방 신궁에서 수강궁으로 옮겼다. 그곳을 빈전으로 했기 때문이다.

그리고 죽은 지 백 일 만에 헌릉에 장사를 지냈다. 이미 파놓았던 무덤에 재궁을 안장하는데, 뚜껑을 열어보니 빈 무덤에 물이 잔뜩 고여 있었다. 놀란 임금이 지신사(왕명을 전달하는 자)에게 확인하게 하니 물은 땅에서 솟은 것이 아니라 그해 폭우에 잠긴 것이라 하여 물을 빼고 재궁을 안치했다. 평생 갈증으로 답답해하던 태종. 그가 묻힌 헌릉에는 물이 자주 고여 여러 차례 보수를 했다. 헌릉을 아우르는 대모산은 물이 많은 산이다. 집권 기간 내내 목마름을 호소했던 태종. 그래서 사후 영혼의 안식처는 물이 마르지 않는 곳에 마련된 것이었을까?

경복궁을 지켜라!

세종은 즉위한 뒤 잠저인 장의동 사가에서 한 달 동안 생활하다

1418년 9월 13일, 창덕궁으로 거처를 옮겼다. 그리고 태종은 수강궁(창경궁)으로 옮겼다. 세종은 창덕궁에서 수강궁 사이를 매일 왕래하면서 크고 작은 일 모두를 아버지에게 보고했다. 세종은 아버지 태종에게 무조건 복종하는 아들이었다. 임금으로 즉위한 뒤에도 상왕의 명이라면 옳고 그름을 따지지 않았다.

1421년 5월 7일, 아버지의 그늘에서 벗어날 명분이 생겼다. 그 무렵 이상하게도 궁녀들 가운데 환자가 많았는데, 땅의 기운과 왕이 거처할 방위가 맞지 않기 때문이라는 말이 많았다. 왕실에서는 술사들의 말을 듣고 고민에 빠졌다. 세종은 아버지의 재가를 받아 경복궁으로 이어하기로 결정했다.

1421년 5월 7일 《실록》에는 이렇게 기록되어 있다.

"임금이 창덕궁 궁인의 병자가 많아 중궁과 함께 경복궁으로 옮겼다. 경회루 동쪽에 작은 별실 두 칸을 짓게 하였는데, 기둥이나 주춧돌이 없는 풀로 덮은 초가에 지내면서 검소함을 신하들에게 보였다."

태조 이성계가 만들었지만 왕자의 난으로 오랫동안 버려둔 궁궐. 18년을 집권한 태종이 낮에 중국 사신들의 연회나 열던 곳인 경복궁에 사람이, 그것도 왕이 거주한다고 하자 다들 몹시 놀라고 두려워했다.

"전하! 어찌 그 귀매들이 날뛰는 궁궐에서 한낱 짚으로 몸을 가리신다고 하십니까?"

"귀매는 옮겨 다니는 법이다. 무서워하면 다가오고 강하게 저항하면 물러나는 것이 귀매다. 내 검소함으로 능히 귀매들의 장난을 이길 수 있다. 아무리 사소한 작은 물건도 그 두 칸의 침실에는 들이지 말라. 물건 없이 오로지 잠만 자는 곳으로 할 것이다. 엄숙함과 단정함으로 저 귀매들을 물리치고자 한다."

검소함으로 경복궁을 감싸고 있는 불길한 기운과 맞설 것을 선언한 세종이다.

"두려운 것은 내 안의 불길한 기운이다. 내 안의 걱정과 근심, 노여움 등이 나를 두렵게 한다. 귀신은 밝은 기운으로 물리칠 수 있다. 나는 내 안의 적인 두려움이란 놈을 물리칠 것이다."

경복궁에서 세종이 생활하자 처음에는 물난리가 났다. 1421년(세종 3년) 6월 초, 비가 며칠 동안 계속 내렸다. 세종은 풍양 별궁에 있는 태종의 안위가 걱정이었다.

"풍양 별궁으로 가자!"

세종은 군사들을 이끌고 길을 나섰다. 그런데 퇴계원 무렵에 다다르자 하늘에서 물동이로 물을 쏟아붓는 듯했다. 오지도 가지도 못할 상황이었다.

"이 무슨 조화란 말이냐?"

어가가 더 갈 수 없게 되자 세종은 환관을 보내 아버지 태종의 안위를 확인했다.

"어떠한가?"

"좋아 보이셨습니다. 띠로 이은 정자에 조용히 앉아 내리는 비를 보며 지난날 태조대왕의 업적을 이야기하셨습니다. 며칠 더 있다 한양으로 올라갈 것이니 걱정하지 말라는 말씀도 하셨습니다. 그리고 풍양에 머무르니 돌아가신 아버님 생각이 더욱 간절하다고 하셨습니다."

안전하다는 이야기를 전해 듣고 임금은 발길을 돌려 한양으로 들어왔다.

"큰비가 와서 서울에 냇물이 넘치고 하류가 막혀 인가 75호가 떠내려가고 통곡하는 소리가 여기저기서 들렸다. 어떤 자는 지붕에 올라가고 나무를 잡아 죽음을 면한 사람도 있으나 물에 빠져 죽은 사람이 자못 많았다." (1421년 6월 12일)

1421년 여름, 경복궁 주변이 특히 물에 많이 잠겼다. 경복궁의 동쪽과 서쪽 담 일부가 무너졌다. 임금은 장마로 무너진 성을 돌로 쌓을 것을 지시하고 궁궐 좌우로 넓은 하천을 만들 것을 지시했다. 경복궁으로 이어한 지 겨우 두 달 만인 1421년 7월 7일, 임금은 중궁과 함께 다시 창덕궁으로 환궁했다. 그리고 창덕궁 궁인들 가운데 병자가 많다 해서 다시 경복궁으로 이어했지만 경복궁에 있는 동안 하늘에 구멍이 뚫린 듯 비가 퍼부어 재앙이 끊이질 않았다. 《실록》에는 기록돼 있지 않지만 비가 오는 날 밤 임금은 귀매에 자주 시달렸을 듯하다.

다음 해인 1422년 가을, 임금은 다시 창덕궁으로 이어를 결정했다. 그리고 또 봄이 되자 경복궁 안에 뽕나무 3천여 그루와 창덕궁 안

경복궁 뽕나무

에 뽕나무 1천여 그루를 심었다. 그해 임금은 경복궁과 창덕궁을 무려 세 번이나 옮겨 다녔다.

1424년(세종 6년)에는 봄과 가을 두 차례 경복궁에서 창덕궁으로 이어를 반복했다. 이상한 점은 임금이 이어하는 날이면 부엉이들이 그 모습을 바라보고 있었다는 것이다. 1424년 3월 2일 세종이 경복궁으로 이어하던 날 《실록》의 기록이다.

"부엉이가 광화문에서도 울고 경복궁 근정전에서도 울었다."

부엉이들은 태종에게 그랬던 것처럼 세종에게도 '우리의 둥지이니 돌아가라!'고 시위를 하는 것처럼 보였다.

가뭄과 물난리가 잦아들자 화재가 일어났다. 1426년(세종 8년) 2월

15일에는 조선 역사에서 가장 큰 화재가 일어난다. 그때 임금은 강원도에서 유숙하고 있었다. 몸이 좋지 않아 요양을 위해 떠난 길이었다.

"이날 점심 때에 서북풍이 크게 불어, 한성부의 남쪽에 사는 인순부의 종인 장룡의 집에서 먼저 불이 일어나 경시서 및 북쪽의 행랑 106칸과 중부의 인가 1,630호와 남부의 350호와 동부의 190호가 연소되었고, 인명 피해는 남자 9명, 여자가 23명인데 어린아이와 늙고 병든 사람으로서, 타 죽어 재로 화해버린 사람은 그 수에 포함되지 않았다."

보고를 들은 임금은 큰 충격을 받았다. 이어 전해지는 소식은 더욱 참담했다.

"중궁께서 전하길, 화재 진압을 위해 보물과 식량이 있는 창고는 포기하더라도 창덕궁과 종묘는 손실되지 않도록 최선을 다하라고 남아 있는 관리들에게 당부하셨습니다."

임금은 서둘러 한양에 도착했다. 2월 19일 저녁 무렵이었다. 어둠이 내려앉은 한양에는 아직도 저녁 짓는 연기 대신 타다 남은 잿더미에서 연기가 피어올랐다. 전쟁보다 더 무서운 상황이었다. 태종이 1413년 한양의 모습을 찾기 위해 노력했던 공사 행랑들이 모조리 잿더미로 변했다. 민가 약 2,500채가 불타 사라졌다. 맹렬한 불길로 산화한 사람은 그 수를 확인할 수 없었고 불탄 시체로 발견된 사람이 32명이었다.

이날 이후 방화범들이 도성에서 활개를 쳤다. 밤하늘에 높게 치솟는 불길을 보며 환희를 느끼는 자들은 도심 이곳저곳에 불을 지르며 환호했다. 방화범들이 극성을 부리자 밤마다 지붕 위에 올라가 감시하는 사람들이 많았다. 조정에서는 방화범을 신고하면 포상금을 주었다. 그런데도 그해 3월 5일 중부에 화재가 나서 민가 20채를 태웠다. 1426년 9월까지 고의로 불을 낸 자들을 잡아 사람이 많은 곳에서 거열(수레로 몸을 찢는 형벌)을 행했다.

1427년(세종 9년) 8월 3일 세종이 창덕궁으로 거처를 옮긴다. 그때까지 임금은 대개 봄과 가을에는 창덕궁에서 기거하고 여름에는 경복궁의 시원하고 소름끼치는 기운을 받곤 했다. 신하들이 나라의 정궁인 경복궁에서 왜 정좌하지 못하느냐고 묻자 세종은 그 이유를 나중에 이렇게 설명했다. 1431년(세종 13년) 8월 18일, 임금은 승지 김종서에게 말한다.

"지난번 한창 무더운 여름 한낮에 경복궁 근정전 누각 2층에 올라갔다. 이상하게 갑자기 졸음이 쏟아지더구나. 그래서 그곳에 앉아 있다가 코끝에 스치는 바람을 맞으며 잠이 들었다. 얼마를 잤는지 몰라 서쪽 하늘을 보니 흰 구름 같은 것이 떠있었는데 참 불길한 기운이었다. 잠은 깨어났지만 몽롱한 기운이 들고 몸이 무거워 내 마음대로 할 수 없었다. 그리고 어깨 부근에서 칼로 찌르는 듯한 통증이 시작됐다. 그때부터 5일 동안 몸이 퉁퉁 부었다. 이제 풍기와 통증은 묵은 병이

96

되었다. 나이는 고작 서른셋인데 머리가 갑자기 많이 세었으므로 옆에서 나를 모시던 아이들에게 '병이 많아서 그런 것이니 뽑지 말라!' 하였다."

임금은 열 가지 이상의 병에 시달렸다. 머리끝에서 발끝까지 아프지 않은 곳이 없었다. 무좀·치질·무릎부종·소갈증(당뇨)·등창·근육통·풍기·만성두통·안질……. 특히 말년에 임금의 눈은 옆에 있는 사람도 알아볼 수 없을 만큼 흐렸다. 그리고 잠을 자다가도 물을 한 대야는 마셔야 했다. 경복궁의 화기, 건조함, 메마름이 세종을 그렇게 만들었다. 게다가 당뇨가 심해지자 다리가 붓고 걸음조차 걷기 힘든 지경이 됐다.

세종은 긴 탄식을 쏟아냈다. 경복궁을 감도는 이 불온한 기운을 어찌 물리칠 것인가? 세종은 그 문제에 대해 고민하다 이런 지시를 내린다.

"자격루를 만들라!"

자격루는 물시계의 일종이다. 과거 물시계는 모두 사람이 옆에서 물의 눈금을 보고 시간을 알려주었다. 하지만 세종은 '스스로 울게 하는 시계'라는 뜻으로 '자격루自擊漏'를 만들게 한 것이다. 그렇게 해서 1434년 7월 1일 장영실이 자격루를 만들었다. 자격루는 귀매들이 심심찮게 나타나는 경회루 앞쪽에 설치되었다. 자격루의 목각인형들이 스스로 일어나 종과 북, 징을 치며 귀매들을 놀라게 했을 것이다.

자격루의 작동원리는 이렇다. 가로세로 각각 2미터, 높이가 6미터인 집 한 채 크기의 누각에 큰 수통들과 나무 인형들이 설치돼 있다. 수통에는 물이 일정하게 흐르는데 부표가 정해진 눈금에 오면 쇠구슬을 건드리고 그 구슬이 자동시보장치 속으로 돌아다니며 인형을 건드려 종과 북 그리고 징을 친다. 인형은 세 개가 있는데 시時를 맡은 인형은 종을 치고, 경更을 맡은 인형은 북을 치며, 점點을 맡은 인형은 징을 친다. 세종은 이 시계 건물을 보루각報漏閣이라 칭했다.

1438년 1월 7일, 경복궁 강녕전 옆에는 보루각보다 더 웅장한 시계 건물이 들어섰다.

풀을 먹인 종이로 7자 높이 산을 만들었다. 산 안에는 옥루기玉漏機 바퀴를 설치하여 물로 쳐올려 시간을 알리게 했다. 종이산에는 금으로 해를 만들고 오색구름이 산허리를 지나게 했다. 해 밑에는 여자 형상을 한 인형 넷이 동서남북 네 군데에 위치해서 시간마다 목탁을 치게 했다. 자시가 되면 구멍이 저절로 열려 쥐가 나타나 사람들을 놀라게 하고, 축시가 되면 다시 구멍이 저절로 열려 쥐가 엎드리고 소가 일어선다. 이렇게 열두 시간 짐승들이 일어나고 엎드리길 저절로 반복하며 자동으로 시간을 알려주는 신기한 기구였다.

산 남쪽의 축대 위에는 시간을 알려주는 붉은 비단옷 차림의 여자 인형이 산을 등지고 서있었다. 인형 옆에는 각기 다른 방향을 보고 있는 갑옷 차림의 무사 셋이 있는데 한 명은 종과 방망이를 잡고, 한 명은 북과 북채를 잡고, 나머지 한 명은 징과 징채를 잡고 시간이 되면 시와 경과 점을 알려준다. 산 동쪽에는 봄 경치를 만들었고, 남쪽에는 여름 경치를 꾸몄으며, 서쪽에는 가을 경치, 그리고 북쪽으로는 겨울 경치를 각각 만들었다.

불길한 기운과 맞서 싸우는 두 임금

1436년(세종 18년) 윤6월 13일 《실록》의 기록을 보면 경복궁 근정전 주위에 이상한 기운들이 뭉쳐 있어 사람의 눈에 이상한 형상으로 보인 것이 기록돼 있다.

"집현전 수찬 김순이 홀로 본전에 있다가 해가 돋을 무렵에 근정전을 바라보니 그 옥상에 연기도 아니고 구름도 아닌 기운이 있었는데, 그 형상이 마치 둥근 기둥과 같은 것 두 개가 짙은 청색과 엷은 흑색으로서 하늘을 찌를 듯이 서있다가 곧 흩어져 소멸되었다."

보고를 받은 세종은 이런 기운들은 임금을 끊임없이 반성하게 하는 기운이니 두려워하지 말고 백성들을 위해 할 일이 무엇인지 더욱 끊임없이 고민하고 부지런히 일하라고 말했다. 그리고 근정전이란 뜻이 원래 그렇게 부지런히 일을 하란 뜻이 아니겠느냐고 덧붙였다.

그 후 10여 일이 지난 1436년 윤 6월 27일 또 경복궁 강녕전에 이

경복궁 강녕전

상한 일이 벌어졌다. 큰 뱀이 경복궁 강녕전 나무 기둥을 타고 올라가 지붕 위로 숨었는데, 세종이 사라진 뱀을 찾으라고 명했지만 아무리 찾아도 보이지 않았다. 그런데 늦은 밤 세종이 침실로 가려고 일어나다 책상에서 뱀을 발견한 것이다. 《실록》은 그날의 일을 이렇게 기술하고 있다.

"내가 강녕전에 나아갔더니 밤에 한 시녀가 와서 고하기를 '뱀이 궁전 안으로 들어와 기둥을 안고 오르내리더니 홀연 숨어버렸다'고 하기에 내가 몹시 괴상히 여겨 내시와 시녀로 하여금 함께 이를 찾게 하였으나 발견하지 못했는지라, 내 더욱 놀라서 일어나 궁전 문밖으로 나와 사람을 시켜 불을 밝혀 찾게 하였던바 그 뱀이 책상 위에 숨어 있었다. 내가 이를 세밀히 분석하건대 금년에는 한기가 너무 심하고 재변이 누차 나타나는 것으로 보아 반드시 하늘의 견책이 있을 것으로 본다. 옛 사람은 방위를 피하여 화를 면한 일도 있었으니 나는 진양대군(수양대군의 어릴 때 이름)의 집으로 이어하려고 한다."

1441년 봄, 소헌왕후는 온천 등지로 요양을 떠나 있었고 임금도 시력이 좋지 않아 고생하고 있었다. 1441년 4월 4일 임금은 도승지 조서강 등이 문안을 드리자 자신의 안질에 대해 이렇게 말한다.

"내가 두 눈이 흐릿하고 깔깔하며 아파, 봄부터는 음침하고 어두운 곳은 지팡이가 아니고는 걷기에 어려웠다. 다행히 온천에서 목욕한 뒤에는 효험을 보아 다행이다."

임금은 눈병이 낫자 온수현을 온양군으로 승격시켰다.

그해 7월 24일 왕세자빈 권씨가 동궁의 자선당에서 숨을 거두었다. 7월 27일, 세종은 세자빈의 아버지 권전을 불러 이렇게 위로했다.

"대체로 며느리가 시부모에게 사랑을 받기란 어려운 일인데, 빈은 이미 나와 중궁에게 사랑을 받다가 이제 이렇게 되었으니 다시 무슨 말을 하겠는가. 그러나 원손의 탄생이 족히 내 마음을 위로하여 기쁘게 할 수 있다. 명의 길고 짧은 것은 수가 있는 것으로 사람의 마음대로 어찌할 수 없는 것이니, 경은 나를 위하여 슬픔을 억제하라."

그리고 세종은 한 달 전 최양선이 한 말을 다시 생각했다. 그는 풍수학에 당대 최고의 식견을 가진 인물이었다. 최양선은 1441년 6월,

경복궁 동궁 자선당

경복궁의 터가 불길하여 나라의 운명이 빨리 쇠할 것이라고 주장했다. 그리고 더 나아가 태종이 잠든 헌릉을 세종 임금의 수릉(장수를 기원하며 살아있는 임금의 능을 미리 만드는 일)으로 삼는다면 맏아들이 요절할 것이라고 말했다. 참으로 불경스런 말이 아닐 수 없었다. 그러나 세종은 그의 말을 경청했다.

최양선은 8년 전인 1433년(세종 15년) 7월에도 풍수 논쟁을 불러일으킨 바 있다. 그는 창덕궁의 터가 잘못됐다며 승문원 자리로 창덕궁을 옮기면 길할 것이라고 주장했다. 최양선의 주장에 발칵 뒤집혀 그에게 죄를 묻는 상소가 빗발쳤지만 세종은 직접 북악산까지 올라 경복궁과 창덕궁의 지맥을 살펴보고 최양선의 말이 허황된 것은 아니라는 결론을 내렸다. 세종은 창덕궁이 이미 궁궐의 면모를 갖추어 허물 수는 없는 것이니 최양선의 주장처럼 계동 부근에 백여 칸 규모의 별궁을 짓는 것이 좋겠다고 말했다. 그렇게 해서 만들어진 곳이 영응대군의 거처다.

세종은 풍수학에 깊이 빠져들어 스스로 많은 공부를 했으며, 최양선을 불러 집현전 학자들에게 풍수학 강의를 하게 했다. 세종은 학문이란 어느 한 가지를 편식하면 안 되고 고루 습득해서 최선의 방안을 마련해야 한다고 생각한 임금이었다. 1444년(세종 26년) 12월 21일, 집현전 교리 어효첨이 장문의 상소를 올렸다. 임금이 풍수학에 너무 깊이 빠져 있고 최양선의 술수학이 난무해서 나라가 혼란스럽다는 내용이었다. 그는 공자나 주자는 마음 수련을 중요하게 여겼지 산수화복山水禍福에 빠지는 것은 극히 경계했다며 풍수학 강의를 받지 않겠다고 했다. 그러자 세종은 하륜이나 정인지 등이 일찍이 풍수 책을 알고 있고 그들의 해박한 지식에 자문을 얻었는데 어효첨은 풍수학에 관련된 일을 시켜도 필시 힘을 쓰지 않을 것이니 그에게는 그 일을 시키지 않겠다고 답했다. 세종은 귀신을 쫓기 위해 여러 술사들을 곁에 두고 있었고, 음양과 풍수에 관련된 말을 많이 믿고 있었다.

1446년(세종 28년) 3월 15일, 소헌왕후는 경복궁 교태전에서 의식을 잃고 삶과 죽음의 경계에 서있었다. 착한 여인은 남편의 뜻에 따라 경복궁 교태전에 기거했지만 병을 달고 살았다. 경복궁에서 하루를 자본 사람들은 내리누르는 기운 때문에 힘이 든다고 했다. 정말 자고나면 머리가 한 움큼씩 빠졌다. 소헌왕후 심씨는 틈만 나면 경복궁을 벗어나 자식들의 집을 전전했다. 경복궁의 기운이 싫어서였다. 어머니를 살리기 위해 세자는 자신의 팔에 불씨를 올려놓았다. 살이 타는 냄새로 왕비 주위를 맴도는 잡귀들을 물리치기 위함이었다. 살이 타는데도 세자 문종의 표정에는 변함이 없었다. 문종은 아버지 세종의 인내심을 그대로 물려받았다. 혼수상태에 있던 왕비가 잠시 깨어나는 듯했다. 다음 날 다른 왕자와 내시들도 팔을 걷었다. 팔을 태우기 위해서였다.

50명의 중들이 《금강경》을 암송했다. 그날 밤 경복궁 교태전 하늘 위로 보름달이 휘영청 밝았는데 갑자기 달이 가려지더니 한 치 앞도 보이지 않을 만큼 캄캄했다. 개기월식이었다.

교태전 옆 아미산 굴뚝 위에 죽음을 부르는 기운들이 뭉쳐 있었다. 살을 태우는 아들들의 희생에도 불구하고 왕비는 혼수상태에서 깨어나지 못했다. 왕비는 귀신들이 범접을 꺼리는 곳이라 하여 수양대군의 사저(정동극장 부근)로 요양을 떠났다. 하지만 이미 저승 문턱을 밟고 있던 왕비는 의식이 혼미한 상태를 거듭하다 1446년 3월 24일 숨을 거두었다. 소헌왕후는 눈을 감으며 "대자대비 부처님!"이라고 중얼거렸다. 한이 많은 여인이었다.

친정아버지가 시아버지에게 죽음을 당한 뒤 친정어머니까지 관노비로 전락하는 참담한 일을 당한 소헌왕후는 어머니가 보고 싶어 밤마다 눈물로 지낸 날들이 많았다. 참으로 억울하고 원통한 일을 겪은 여인이다. 그러나 그때마다 여인은 가슴에 '불弗(거칠고 성긴 화를 털어버림)'을 새겼다.

날씨가 더워 소렴과 대렴을 빨리 서둘렀다. 죽은 지 하루 만에 소렴을 하고 그 다음 날 대렴을 했다. 궁녀 한 명이 왕비의 손을 씻고 가지런히 놓은 뒤 눈물 한 방울을 떨어뜨렸다. 인자했던 왕비의 살아생전 기억이 새로워서 그랬던 것이다. 가느다란 손처럼 발도 작았다. 발을 이불로 덮고 내시는 장인匠人에게 재궁을 덮게 했다. 통곡소리가 수양대군 저택을 울렸다. 세자는 그날 늦은 시각까지 재궁이 있는 빈전에서 밤을 새웠다. 아들은 울다 지쳐 잠이 들었다. 소헌왕후 심씨의 신위를 봉안할 곳으로 창덕궁 휘덕전輝德殿을 마련했다. 문상을 온 일본 사신이 '사탕(설탕)' 한 봉지를 세종에게 선물하자 갑자기 임금의 눈이 붉어지더니 돌아서서 눈물을 흘렸다. 사탕을 좋아했던 소헌왕후의 모습이 생각나 그런 것이다.

"전하! 저는 이 사탕을 입에 물고 있으면 머리가 개운하고 향내가 나서 좋습니다."

이런 말을 하며 맑게 웃던 여인이었다. 세종은 눈물을 훔치고 감정을 삭인 다음 신하들에게 "저 사탕을 왕비의 혼전인 휘덕전에 바치라!"는 명을 내렸다.

왕비가 죽은 그해 가을 경복궁 주변 북악의 산허리에 안개가 자주 감돌았으며 낮에는 흰 무지개들이 나타났다.

"이 무슨 조화냐?"

"영기들의 조화입니다. 스스로 저렇게 자기들의 존재를 과시하는 겁니다."

세종은 문소전을 경복궁 북원 근처에 세우게 했다. 불교의 기운을 막으려는 집현전 학자들의 반대가 예상 외로 강했지만 임금 역시 고집이 강했다. 결국 타협안으로 경복궁의 기운이 모인 혈이라 불릴 수 있는 서북쪽으로 하기로 했다. 그해 도성 안에는 유난히 강도 살인 사건이 많았다. 사형을 엄히 금하던 임금은 그해 10여 명의 강도를 참하였다.

1450년 2월 4일, 세종의 병이 중해 영응대군 이서의 집으로 거처를 옮겼다. 이어 준비를 한다고 주변 민가를 헐자 세종은 의식이 오락가락하는 상황에서도 엄히 그것을 나무랐다. 다행히 임금은 혼수상태에서 깨어났고 세자의 악질 종기 역시 제거됐다. 하지만 열흘 뒤인 2월 14일, 세종의 병이 다시 악화돼 중 50명을 불러 기도를 올렸다. 이러한 노력이 있었음에도 세종은 2월 17일 숨을 거두었다. 그는 경복궁을 비우지 않고 그 기운에 맞서 싸우다 풍을 맞았고 그러다 서서히 몸이 축나서 결국 숨을 거두고 말았다. 세종이 승하한 영응대군의 사저를 흔히들 동별궁東別宮이라 불렀다.

영응대군은 세종과 소헌왕후 사이에서 태어난 아들 가운데 막내였다. 그래서 따로 집을 지어 내보내지 않고 늦게까지 함께 지내다 세종 임금이 죽기 두 해 전인 열두 살 때 그의 집을 따로 마련한 것이다. 1448년 12월 14일, 최양선에 이어 이현로가 궁궐터를 제안했다. 이현로는 안국동과 계동 사이의 승문원 자리가 천하의 명당이니 궁궐이 아니면 별궁이라도 지어 흉한 방위를 피할 곳으로 하는 것이 좋다고 제안했고 세종은 이를 받아들였다.

"이현로가 지리로 좋은 곳은 북부의 안국방동만한 데가 없다고 아뢰어 드디어 집터를 정하여 인가 60여 구를 헐었다."

1449년 7월 영응대군의 집이 완성되었다. 왕자의 집 치고는 너무 크다는 비난이 집현전에서 임금에게 전달됐다. 임금은 마음에 상처를 입고 그 집을 왕세손(단종)에게 주고 영응에게는 풍양별궁을 주면 어떻겠느냐고 물었다. 여러 신하들이 임금의 서운함을 눈치채고 영응대군의 집이 다른 왕자의 집과 별 차이가 없다며 더이상 떠들지 않았다. 세종은 자신이 죽을 날을 미리 안 듯, 죽기 열사흘 전 영응대군 사저 동편 한적한 곳으로 옮겨 안식을 취하다 1450년 2월 17일 숨을 거두었다. 세종은 죽기 전, 자신을 아버지가 묻힌 대모산 자락 헌릉에 묻어줄 것을 유언으로 남겼다.

1452년 5월 14일, 문종도 경복궁 강녕전에서 등창으로 고생하다 죽었다. 아버지의 병이 고스란히 대물림된 것이다. 30년 세자 생활로 몸은 이미 망가질 대로 망가진 상태였다. 세종이 이룬 업적의 절반은 아들 문종이 이룬 것이다. 문종은 잘생긴 외모만큼 마음도 깨끗하고 맑았다. 하지만 경복궁 동궁에서 너무 오랜 시간 세자 생활을 했던 문종은 즉위할 당시 이미 종기로 고생하고 있었다. 과거에 난 종기가 아물지 않았는데 다른 종기가 나서 터진 것이다. 걸을 수 없을 만큼 힘들었고 빈전에 곡을 하기도 힘든 상황이었다. 그래서 이례적으로 선왕의 빈전도 보위를 이을 세자도 영응대군의 저택에 있었다. 신하들은 수강궁(창경궁)으로 빈전을 옮기자고 건의했지만 세자는 움직이는 일도 큰일이라며 거절했다.

1450년 2월 23일, 세종이 승하한 뒤 6일 만에 문종이 즉위식을 거행했는데, 좀 특이했다. 궁궐이 아닌 영응대군의 저택에서 장전(임금이 앉도록 임시로 꾸민 자리)에 나가 간략하게 즉위식을 올렸다. 궁궐의 정전이 아닌 사가에서 즉위식을 올린 임금은 조선 역대 임금 가운데 문종이 처음이다. 문종도 중병을 앓고 있는 상황이었다. 아버지 빈전 옆에 마련한 여막에서 문종은 거동도 못하고 있었다.

"의정부에서 아뢰기를 '병환은 마땅히 조금 나을 때에 조심해야 하니 모름지기 움직이지 마시기를 청합니다' 하니, 임금이 말하기를 '나는 편안하다' 하였다." (1450년 2월 29일)

1450년 6월 6일, 세종의 재궁이 산릉으로 발인하는 날이었다. 흥인문(동대문) 밖에서 한양과 하직하는데 백성들의 울음소리가 하늘을 찔렀다. 재궁을 실은 상여 앞에 엎어져서 기절하는 사람도 있었다. 아버지와의 추억이 어려 있는 낙천정 앞을 잠시 머물다 삼전도(송파)를 건너 산릉에 도착했다. 그 시간 세종의 후궁들이 모두 머리를 깎고 자수궁에 들어갔다. 문종은 세종의 유언대로 재궁을 헌릉 옆에 묻은 뒤 신주를 들고 창덕궁으로 돌아와 휘덕전에 모셨다.

졸곡제를 마친 임금은 경복궁 충순당으로 거처를 옮겼다. 충순당은 궁궐 담 밖에 있어 대궐과 막혀 있었는데, 이때부터 세종의 상이 끝날 때까지 그곳에서 기거하였다. 충순당은 여러모로 역사적인 장소이다. 그곳은 나중에 단종이 세조에게 권력을 빼앗기고 약 2년 동안 유폐되다시피 한 곳이다. 그래서 세조는 집권한 뒤 문종과 단종의 체취가 깃든 충순당에서 무력시위를 벌이듯 공신들의 단합대회인 회맹제를 하거나 활쏘기 시합 등을 열었다. 또한 충순당은 명종이 즉위한 뒤 임금의 모후 문정왕후가 수렴청정을 했던 곳이기도 하다.

문종은 충순당에서 우선 세자를 위해 세자의 모후인 현덕빈 권씨를 현덕왕후로 추숭하는 일을 서둘렀다.

"왕후의 혼전魂殿은 경희전이라 하고, 능은 소릉이라 칭하였다."
(1450년 7월 1일)

문종은 2년 3개월의 재위 기간 동안 병석에 누워있는 시간이 더 많았다. 경복궁에서도 귀매가 가장 많다는 동궁에서 30년을 보냈기 때문이었다. 세종은 "동궁의 터가 사람을 아주 천천히 골병들게 하는구나!"라며 탄식했다. 문종의 아내이자 단종의 어머니인 현덕왕후가 죽자, 세종은 며느리의 갑작스러운 죽음에 또 긴 한숨을 쉬며 이런 말을 남겼다. 현덕왕후가 죽은 다음 날인 1441년 7월 25일 《실록》의 기록이다.

"경복궁에서 가장 기운이 험한 곳이 세자가 머무는 동궁이다. 어제 며느리가 자선당에서 숨을 거두었다. 아비의 마음은 다 똑같은 것이다. 세자도 건강이 좋지 않은데, 그는 아내와 벌써 두 번의 생이별과 한 번의 사별을 경험했다. 그래서 나는 세자를 위해 동궁 담장 밖에 새로운 거처를 마련하고 싶다."

그리고 그 다음 날 세자빈의 시신이 있을 빈전을 창덕궁 의정부청으로 옮기니 담장 밖, 지나가는 백성들이 모두 눈물을 흘렸다고 한다. 당시 스물네 살이었던 세자빈 권씨는 나중에 단종이 될 아들을 낳고 이틀 만에 죽었다. 1436년(세종 18년) 12월 28일 세 번째 세자빈으로 발탁된 현덕왕후 권씨는 원래 문종의 후궁이었다. 세종은 후궁을 왕비로 발탁한 전례가 없어 고민했지만 성적 욕구가 많지 않은 세자를 고려할 때 권씨가 이미 딸을 잉태했기 때문에 부부금슬을 우선 고려하여 권씨를 세자빈으로 선택했던 것이다.

경복궁에서 죽은 여인 가운데 한을 가장 많이 품은 여인이 바로 단종의 모후 현덕왕후다. 개국 초 경복궁 주변에서 일어나는 귀신 소동의 중심이 신덕왕후의 원혼이었다면, 세종 승하 이후 문종과 단종을 거쳐 세조 시절까지 궁궐 귀신 이야기의 중심은 현덕왕후의 원혼이었다.

110

두 여인 모두 쿠데타로 자식을 잃고 죽은 뒤에 무덤까지 파헤쳐지는 폭력을 당했다. 산 자들이 저지른 반인륜적 행위에 대한 저들 스스로의 두려움 때문에 《실록》에는 이미 죽은 그들이 귀신으로 묘사되었다. 《실록》은 1398년 태종이 일으킨 제1차 왕자의 난과 1453년 세조가 일으킨 계유정난을 비슷한 얼개로 기술하고 있다. 55년이라는 간극을 두고 벌어진 일이지만 두 사건이 일어난 시기에 모두 부엉이가 등장하는 것이다.

부엉이와 계유정난

부엉이는 좋지 않은 일을 미리 알려주는 새다. 1453년 가을, 계유정난이 일어나기 전 부엉이가 요란하게 궁궐 위를 날아다녔다. 1456년 단종복위운동이 일어나기 전 그해 여름에도 부엉이들이 요란하게 궁궐 위를 날아다녔다. 앞으로 일어날 피비린내 나는 살육의 현장에서 사람보다 먼저 피 냄새를 맡고 그리 슬프게 운 것일까? 《조선왕조실록》 가운데 가장 왜곡된 기록이 많은 〈세조실록〉. 사관은 자유롭게 역사를 기록할 수 없었다. 세조는 사관에게 부엉이에 관한 기술을 하지 못하게 했다. 태종 이방원과 흡사했던 세조. 정도전이 죽던 날이나 김종서가 죽던 날 역사를 기록했던 사관은 너무도 비슷한 패턴으로 두 사건을 서술하고 있다. 부엉이가 반복적으로 출현하는 기록에는 사관의 비판적 시각이 암호화되어 있는 듯하다.

계유정난을 예고한 부엉이

1452년 5월 18일, 경복궁 근정전에서 단종의 즉위식이 열리던 날에도 근정전 전각 위에는 잡상처럼 부엉이가 앉아 있었다. 부엉이 눈이 수양대군의 매서운 눈과 마주쳤다. 세조는 태종처럼 부엉이를 싫어했다.

1453년 1월 초 명나라 사신으로 갔던 수양대군이 의주에 당도했다. 단종은 내시 엄자치를 보내 그의 노고를 치하했다. 엄자치는 수양대군을 볼 때마다 항상 사나운 매가 연상됐다. 세종에게 전폭적인 신뢰를 받았던 엄자치는 수양의 눈에서 권좌를 빼앗을 야망을 보곤 했다. 엄자치의 예상은 정확했고 1455년 한여름에 그는 능지처참당했다. 단종이 세조에게 왕위를 양보하던 날 엄자치는 죽을 각오로 반대했다. 겨울 날씨답지 않게 자주 비가 내렸고 자욱한 안개와 음울한 바람이 경복궁과 창덕궁 사이의 북촌을 맴돌고 있었다.

당대 풍수학의 일인자이면서 안평대군의 책사 노릇을 했던 이현로가 수양대군을 찾아왔다. 궁지에 몰렸던 수양대군이 명나라 사신을 자청해서 떠날 때 이미 이현로는 수양의 의중을 파악하고 있었다. 명나라의 후원을 믿고 쿠데타를 일으킨 태종 이방원의 전술을 수양이 그대로 모방하고 있다고 이현로는 확신하고 있었다.

"명나라에 가신 일은 잘됐습니다. 그런데 황제의 인준을 받은 것은 어린 임금이 아니라 대감 아닙니까?"

정곡을 찌르는 이현로의 한마디에 당황한 수양은 하인들을 시켜 그를 포박하게 했다.

116

경복궁 사정전

"이자의 생각이 음험하다. 즉시 사헌부에 고해 역모 사실을 알려라!"

김종서와 황보인 등이 고명대신이라는 이름으로 열두 살짜리 어린 임금의 생각을 지배하고 있었다. 어린 임금을 대신할 왕실 어른 가운데 대비나 대왕대비가 없는 것이 수양에게는 오히려 더 불안했다. 그들이 안평대군과 함께 국정을 논의하는 것이 영 못마땅했던 수양은 새로운 왕을 알리기 위한 사절단에 사신으로 자청해 명나라에 다녀왔다. 그런데 수양대군의 집을 방문한 이현로가 넌지시 수양의 의중을 묻다가 그의 감정을 폭발시킨 것이다.

김종서와 안평대군의 도움으로 옥에서 풀려난 이현로는 자신의 주군인 안평에게 북악을 넘어오는 불온한 기운들이 도성에 가득하니 먼저 일어나 세상을 평정하자고 채근했다. 그러나 안평은 노을을 바라보며 아무 말이 없었다.

1453년 여름이 지나고 가을이 되자, 부엉이들이 자주 경복궁으로 날아들었다. 1453년 9월 13일 부엉이가 경복궁 근정전에서 울었다. 3일 뒤에는 경복궁 사정전에서 울었고, 또 그 3일 뒤에는 경복궁 동궁에서 슬프게 울었다. 예민한 북악의 부엉이들은 무언가 불길한 일이 일어날 것임을 그렇게 예고하고 있었다.

그 무렵 안평대군은 두 사람을 놓고 고민했다. 한 사람은 안평의 마음과 너무도 잘 맞는 강희안이고, 다른 한 사람은 이현로였다. 이현로와 함께하는 길은 피비린내 진동하는 권력자의 길이었으며, 강희안과 함께하는 길은 유유자적한 예술가의 길이었다.

1453년 9월 가을바람이 부는 그날 밤, 안평은 두 개의 길 가운데 강희안의 집으로 가는 길을 택했다. 그리고 한 달이 지난 뒤 강화도에서 죽을 날을 기다리던 안평대군은 '그날 다른 길을 선택했다면……' 하는 아쉬움을 가지고 있었다. 하지만 이내 마음을 고쳐먹었다. 그가 그날 밤 가지 않은 그 길로 갔다면 살아있는 동안 잠시 영화를 누릴 수는 있었겠지만 그것이 결국은 세상을 혼돈에 빠뜨릴 길이었다는 것을 깨달았기 때문이다.

〈세조실록〉은 안평대군을 비열하게 깎아내렸다. 하지만 안평대군

118

은 《실록》의 기술처럼 그렇게 비열하고 치졸한 인물이 아니다. 그는 문무를 겸비한 인물이었다. 안평의 글은 당대 최고라고 손꼽혔으며 함경도의 육진을 개척할 때는 김종서와 함께 야인을 토벌하기도 했다.

당시 궁궐에 자주 나타났던 부엉이는 세조의 쿠데타를 눈치챘을까? 사관은 부엉이 울음소리로 당시의 음산한 기운을 기록하고 있다.

"자넨 왜 자꾸 부엉이가 나타났다고 기록하나?"

사관의 사초에 부엉이 출현이 유난히 많음을 보고 세조가 물은 것이다.

"세종대왕께서도 부엉이란 흉조가 나타나면 반드시 보고하게 하였으며 경복궁 근정전에서 울면 해괴제를 올리라 하셨습니다."

"알겠다. 하지만 이제 부엉이가 나타나도 굳이 기록하거나 보고하지 말라! 하늘의 뜻을 한낱 나뭇가지에 앉아 노래나 부르는 새가 어찌 알겠는가?"

별들의 움직임 또한 심상치 않았다. 유성이 갑자기 꼬리를 물고 떨어지자, 수양은 군사를 이끌고 김종서의 집으로 들이닥쳤다. 하륜이 태종 이방원에게 공격 날짜를 알려준 것처럼 한명회도 일찍부터 수양대군이 김종서 등을 공격할 날짜를 정해놓고 있었다. 창덕궁 돈화문에서 500보 내외에 있던 김종서의 집에 수양은 칼을 숨긴 채 다가갔다. 이상하게 집에는 불이 다 꺼져 있었다.

"어인 일이오? 대감."

수양을 맞은 김종서와 그의 아들은 대문 안쪽에서 나오지 않았다. 이들은 문 하나만큼의 거리를 사이에 두고 서로를 마주보았다. 한 걸음 차이지만 삶과 죽음의 경계처럼 아득한 거리였다. 김종서는 수양이 자신의 집 안으로 발을 들이길 원했고, 수양은 김종서가 문지방을 넘어 밖에서 자기를 맞이하기를 원했다.

"저 반달이 아쉬워 잠을 이루지 못하고 대신을 찾았소. 채워지지 않은 반을 채우기 위해 대감의 도움이 필요하오. 허허!"

수양대군의 말을 들은 김종서가 거만하게 웃었다. 달빛을 받은 수양대군의 눈이 칼날처럼 반짝였다. 김종서는 목을 젖히고 통통한 목젖을 드러내며 웃다가 이내 정색을 하며 물었다.

"대군! 달도 차는 달이 있고 지는 달이 있지요? 대군의 달은 어느 달인가요?"

그러면서 다시 크게 웃었다. 상대에게 모욕감을 준 언행이었다.

'죽일 놈!'

수양은 참을 수 없었다.

그날 밤, 수양은 통통하게 살이 오른 김종서의 목을 예리한 칼로 베었다. 피가 튀지 않았다. 예리한 칼은 피를 뱉지 않고 칼날로 먹었다. 큰 머리가 땅으로 떨어지며 '쿵!' 하고 소리를 냈다. 머리를 잃어버린 몸의 나머지 부분이 두 걸음 정도 마당을 배회하다 크게 넘어가며 마치 고목이 쓰러지는 듯한 소리를 냈다. 김종서의 집 앞에 있는 두 그루 백송白松이 핏빛을 머금은 듯 붉은 기운을 띠고 서 있었다. 김종서를 따르던 무사 수십 명이 그날 전부 살해됐다. 피비린내가 진동한 달밤이었다. 김종서의 시신은 그날 밤 백송 옆에서 불태워졌다. 이튿날, 한 시절을 풍미했던 장군의 시신을 수습하기 위해 불타버린 재를 뒤적이다 다리 한쪽을 발견한 마을 사람들이 그 다리 하나를 가지고 무덤을 만들어주었다. 또한 사람들은 간밤에 흘린 핏자국을 재를 뿌리며 지웠다. 그래서 김종서가 살던 동네를 잿골이라 불렀고, 오늘날에는 재동齋洞이 된 것이다.

김종서의 머리가 땅에 떨어진 그날 밤, 안평대군 이용은 인왕산 아래 무계정사武溪精舍에서 신선처럼 편안한 모습을 하고 임금이 되는 꿈을 꾸다 잡혀갔다. 그는 느림을 좋아한 인물이었다. 수양이 불안한 정국, 불리한 정치 상황을 돌파하기 위해 명나라를 다녀온 뒤에 세력을 끌어모으고 있었지만 그런 소문을 듣고도 안평대군은 다른 대응을 하지 않았다. 안평대군이 살고 싶어 했던 세상은 안견이 그린 〈몽유도원도〉처럼 몽롱하고 나른한 세계였다. 하지만 안평이 꿈꾸는 세계는 현실에는 존재하지 않는 곳이었다. 형은 그런 동생에게 여유를 주지 않았다. 안평대군이 죽자 〈몽유도원도〉를 그렸던 안견은 자취를 감추었다. 자신의 그림을 알아주는 사람이 사라지자 자신의 그림도 죽은 그림이라고 생각했을까? 〈몽유도원도〉 속의 그윽하고 험준한 바위 밑 어디론가 숨어버린 안견.

강희안은 세조의 암살을 계획했다는 이유로 모진 고문을 당했지만 같은 집현전 학자 성삼문의 도움으로 풀려날 수 있었다.

"대감! 저는 저 붉은 진달래꽃을 싫어합니다. 꽃이 저리 핏빛을 띠는 것은 옳지 않습니다. 꽃은 그저 꽃일 따름입니다. 신하는 하늘에 떠있는 태양을 사모할 뿐 태양을 가리지 않습니다."

지는 태양이 아닌, 지금 하늘에서 붉게 타오르고 있는 수양에게 충성하겠다는 뜻이다. 강희안은 그래서 목숨을 건질 수 있었다.

"강희안은 재주가 많았으나 어리석은 것처럼 몸을 지키니, 또한 어질다 아니하겠는가?"

강희안이 사망한 1464년 10월 9일, 사관은 이런 묘한 인물평 한 줄을 달아놓았다.

1453년(계유년) 9월부터 경복궁 주변에서 울어대던 부엉이가 10월 들어 갑자기 자취를 감추었다. 그리고 《실록》에는 창덕궁 공사를 서둘러 마치고 그곳으로 임금이 이어하려 하는데, 이어하는 날 안평대군을 따르는 무리들이 쿠데타를 일으키려 했다고 기록되어 있다. 쿠데타를 일으킨 세력들은 항상 이런 말을 했다. 태종 이방원도 방석과 정도전 등이 자신을 먼저 죽이려 하여 방어적 차원에서 쿠데타를 일으킨 것이라고 주장했다. 거짓으로 미화된 역사는 종종 사실로 각인되며 그래서 역사는 진실하지 않다.

1453년 10월 10일 계유정난이 일어난 날, 수양대군은 김종서와 황

보인 등을 제압하고 옥좌에 앉을 채비를 했다. 그는 이때부터 조카인 단종을 임금으로 대하지 않고 아이 취급했다. 쿠데타가 일어나던 그 무렵 단종은 흉조인 부엉이가 자주 경복궁 궐내를 맴도는 것이 두려워 흥인문 밖 효령대군의 집에 머물고 있었다. 효령대군의 집에 머물던 단종이 계유정난 후 계엄령 속에서 경복궁으로 돌아오던 그날, 어린 임금은 궁궐 곳곳에서 풍기는 피비린내를 맡았다. 경복궁 근정전에 들어서자 이미 문무백관들이 나열해 있었으며 임금이 앉을 옥좌에 새로 임명된 관리들의 명단이 적힌 종이가 그득했다. 그리고 그 옆에는 죽은 자들의 명단이 있었다. 단종은 잠시 눈을 들어 하늘을 보았다. 비가 그친 뒤라 하늘에는 무지개가 있었다. 그런데 무지개가 걸린 곳이 북악에서 수양대군 사저까지였다. 단종은 이날 새로 임명된 관리들을 일일이 호명했다.

귀신놀이를 즐긴 세조

　살아생전 유난히 음악을 좋아했던 문종은 세자 시절 아버지 세종을 위해 음악을 장려하는 일에 앞장섰다. 그런 문종을 위해 그가 평소 즐겨 이용하던 퉁소를 비롯한 각종 악기들이 그의 무덤 안에 함께 매장됐다. 음악을 좋아한 것은 수양대군도 마찬가지였다. 수양대군은 마음이 울적해지면 종종 궁궐 후원 정자에 앉아 피리를 불었다. 〈세조실록〉 서문, 제왕을 찬양하는 글에는 세조의 음악적 재능을 미화하는 글도 보인다.

"세조가 일찍이 가야금을 타니 세종이 감탄하였다. 세조가 피리를 부니 학이 날아와 뜰 가운데서 춤을 추었다. 금성대군 이유도 어린 나이지만 갑자기 일어나 알 수 없는 춤을 추었다. 또한 달밤에 피리로 계면조를 부니 듣고 슬퍼하지 않는 자가 없었다."

세종은 경복궁을 감도는 귀기鬼氣(귀신의 기운)를 아름다운 선율로 순화시키고자 했다. 그래서 자주 박연과 수양대군을 불러 음악 장려에 힘을 북돋았다. 〈세조실록〉 서문에는 세조에게 귀신 소리까지 감지하는 능력이 있었다고 서술되어 있다.

1441년(세종 23년) 10월 어느 날, 문종은 수양대군과 안평대군 등 아우들과 함께 방에 있다 희미하게 들리는 통소 소리를 감지했다. 같은 소리를 두 번이나 들었던 문종은 아우들에게 물었다.

"들었느냐?"

그때 문종 옆에 있던 수양대군이 고개를 끄덕였다.

"들었습니다."

"다른 사람들은 듣지 못했는데 너는 어찌 들었느냐?"

그러자 수양대군은 굳은 표정을 지으며 이렇게 말했다.

"형님! 저는 천하의 모든 음감은 자연의 소리를 넘지 않는다고 알

고 있는데 지금 이 소리는 자연의 소리를 넘는 것입니다. 이 퉁소 소리
는 귀신들이 내는 소리입니다."

문종이 의심스런 표정을 지으며 귀신이 이곳에 있느냐고 묻자 수
양대군은 사람 눈에 보이지 않는 귀신들이 여럿 있다고 답했다.

《실록》에서 수양대군이 귀신의 퉁소 소리를 들었다고 한 그 시기는
단종의 모후 현덕왕후가 숨을 거둔 지 얼마 안 된 시점이었다. 그렇다
면 그날 세조의 눈에는 형수의 영혼도 보였을까?

〈세조실록〉에는 세조가 귀신의 소리를 감지하는 것 외에도 귀신들
을 무서워하지 않는 담력이 강한 임금임을 자랑하는 기록도 보인다.

1432년(세종 14년) 5월 11일 세종은 아버지 태종이 승하한 지 10년
이 지난 뒤, 역모 혐의로 폐비 위기에까지 몰렸던 비운의 왕비 소헌왕
후를 정식 왕비로 책봉하는 의식을 거행했다. 왕의 자리를 물려받은
세종은 태종의 명을 받아 장인에게 사약을 내리고 처가 식구들을 노
비로 내모는 일을 할 수밖에 없었다. 그런 분위기에서 '왕비 책봉식'은
꿈도 꿀 수 없는 상황이었다. 당시 분위기로 보면 소헌왕후는 책봉이
아닌 폐비로 전락할 처지였던 것이다. 그때는 세종도 아버지 때문에
어찌해볼 도리가 없었다. 그래서 마음이 항상 불편했던 세종은 태종이
승하한 뒤 10년 동안 아내에게 죄인처럼 있다가 드디어 뜻을 굳히고
'왕비 책봉식'을 거행하기로 마음먹은 것이다.

세종은 책봉식 하루 전인 5월 10일 헌릉(태종의 무덤)에 찾아가 이

사실을 고했다. 그날은 태종의 기일이기도 했다. 죽은 임금이 심술을 부린 것일까? 버드나무가 많은 헌릉 주위로 파란 불빛들, 즉 귀신불이 날아다녔다. 신하들은 그 불빛이 무서워 발을 옮기지 못하고 있었다. 아들은 살아생전 금슬이 좋지 않았던 부모님을 위해 능의 난간석도 서로 잇대어 만들었다. 하지만 서로를 미워했던 감정 때문인지 이상하게도 자꾸 석물들에 금이 갔다.

칠흑같이 어두운 밤 헌릉의 홍살문을 지나던 대신들 앞으로 귀신불이 앞다퉈 날아들었다. 수염이 하얀 대신들은 그 자리에 털썩 주저앉아 마치 어린아이들처럼 벌벌 떨었다. 하지만 혼이 빠진 대신들 사이로 수양대군은 거침없이 나가 혼유석 위에 술잔을 올렸다.

다음 날 세종은 수양대군의 용기를 칭찬했다.

"귀신을 무서워하지 않으니 사람을 무서워할 사람이 아니다."

〈세조실록〉 서문에서 귀신의 소리를 감지할 수 있고 귀신도 무서워하지 않는 세조의 용맹함을 이처럼 장황하게 기술한 것은 그가 생전 귀신들에게 꽤 시달렸다는 반증이기도 하다. 사관은 세조가 귀신에게 휘둘림을 당하지 않은 임금이란 것을 강조하기 위해 죽음을 목전에 앞둔 임금의 행적에 픽션을 슬쩍 덧붙여 기술해놓았다.

1468년(세조 14년) 8월 14일, 세조가 죽기 약 25일 전의 일이다. 죽음을 앞둔 세조는 유난히 귀신 이야기를 자주했다. 세조는 이날 모임에서 "과연《주역》을 백 번 읽으면 귀신을 볼 수 있는가?"라는 질문을

126

던졌고, 그 이야기를 소재로 술을 마시며 공신들과 토론을 즐기고 있었다. 역법과 천문을 관장하는 관상감의 으뜸 벼슬인 관상감정이었던 안효례는 단연 능숙한 화술로 사람들을 꼼짝 못하게 만들었다. 말문이 막힌 사람들은 그에게 절을 한 번 하고 물러났다. 세조는 좌중을 둘러보다 손가락으로 최호원을 가리켰다. 스물두 살에 문과에 급제한 최호원은 풍수에 해박했고 《팔괘도법八卦圖法》이라는 역학책도 저술한 바있으나 세조에게는 안효례만큼의 신임을 얻지 못하고 있었다. 반면 안효례는 시작은 하급직 관리인 군자감 서리로 출발했으나 달통한 풍수학 지식과 능란한 화술을 바탕으로 세조의 장남인 의경세자의 묏자리도 선정하였고, 죽은 뒤에 묻힐 장지까지 세조가 그에게 맡길 정도로 임금의 신임이 두터웠다. 세조는 평소 두 사람의 논쟁이 거칠고 대등하여 이날 말싸움을 구경하고자 한 것이다.

논쟁은 점잖게 시작됐다. 하지만 술자리가 계속되자 서로 비난하는 말이 오고가면서 드디어 상대의 달변에 화가 난 젊은 최호원이 "너는 백정의 손자다"라고 말하며 안효례의 콤플렉스를 건드렸다. 이에 안효례도 지지 않고 "내가 백정의 손자라면 너는 곧 나의 아들이다"라고 맞받아쳤다. 주먹다짐으로까지 번질 뻔했던 그날 논쟁은 신숙주의 만류로 겨우 끝이 났다.

나흘 뒤 세조는 다시 두 사람을 불렀다. 두 사람을 화해시키기 위해 창덕궁 후원으로 자리를 옮긴 임금은 활쏘기를 한 뒤 가죽신 등을 선물로 주고 그들과 술자리를 함께했다. 하지만 여전히 두 사람은 감정의 앙금을 풀지 않고 서로 시비하였다. 안효례가 말했다.

"나는 귀물鬼物도 두렵지 않다."

안효례의 말에 최호원이 맞섰다.

"네가 무서워하지 않는다면 나도 무서워하지 않는다."

세조는 두 사람을 만류하고는 밤이 이슥한 시각 창덕궁 후원에서 '귀신 잡는 일'을 하자며 귀신놀이를 제안했다. 그리고 그날 밤 몰래 사람들을 시켜 머리를 풀어 헤친 뒤 흰 것을 이고 막대기를 잡아 귀매의 모습처럼 위장하게 하고 창덕궁 후원의 숲이 우거진 곳에 엎드려 있게 하였다.

이윽고 임금의 부름을 받고 창덕궁 후원에 도착한 이들에게 세조가 물었다.

"너희들이 낮에 말하길 귀물도 두렵지 않다고 하였는데, 이제 능히 후원에 귀물이 있는 곳에 갈 수가 있겠는가?"

두 사람 모두 자신 있다고 대답하자 임금은 표를 주며 지시했다.

"이 표를 아무 곳에 심어라."

이렇게 해서 귀신놀이가 시작됐다. 처음 출발한 안효례는 숲에서 벌떡 일어난 가짜 귀신이 소리를 치니 놀라고 두려워 큰 소리로 울부짖으며 돌아왔고, 이어 뒤따라간 최호원은 이미 가짜 귀신이란 것을 눈치채고 임금이 준 표를 세 곳에 심고 돌아왔다.

이러한 일화를 통해 궁궐 후원에 종종 귀매들이 출현해 사람을 놀라게 했음을 엿볼 수 있다. 귀매는 부정한 기운들이 뭉쳐 생긴 것이며 음지에서 자란다고 알려져 있다. 그리고 한 번 귀매가 발생한 곳에서는 그것이 떠나지 않아 사람이 피하는 것이 상책이라 여겼다. 그래서 경복궁이나 창덕궁에서 귀매가 출현했다고 하면 그곳에서 피해 있는 것이 최선이었다. 나약한 마음이 두려움을 만들고 그 두려움이 귀신이나 도깨비 같은 허상을 만든다고 생각했던 세조 역시도 경복궁과 창덕궁을 오가며 귀매들의 난동을 피하고자 했다.

1457년 9월 2일 의경세자가 죽은 그 무렵 경복궁 동궁 주변에 귀매들이 극성이었을 것이라 추측된다. 세조는 1461년 세자빈이 위독할 때도 창덕궁으로 이어했고, 1463년 10월 24일 고작 세 살의 원손 인성대군이 죽은 뒤 일주일 만에 번개가 내리치는 날에도 거처를 옮겼다. 세조가 숨을 거두기 불과 32일 전인 1468년 8월 6일 《실록》에는 이런 기록도 보인다.

"임금이 불예不豫(아프다)하여 자을산군(성종)의 사저로 이어하였는데, 집 안 울타리가 좁아 승정원과 도총부, 병조는 인근 민가로 나누어 입주했다."

죽음을 앞둔 시기에 거처를 자주 옮긴 것을 보면 귀매들에게 시달려 도망을 다닌 것이 분명하다. 거북이 등처럼 살이 갈라지고 고름이 온몸 전체로 흘러나오며 옆에 있는 사람이 코를 움켜쥘 정도로 몸에서 썩은 냄새를 풍기던 임금, 그래서 죽기 얼마 전에는 궁을 떠나 민가에서 요양을 했던 그가 창덕궁 후원에서 귀신놀이를 즐겼다는 것은 믿음이 가지 않는 이야기다.

애꾸눈의 목효지

문종의 급서와 수양대군의 쿠데타 그리고 단종의 불행과 같은 일들의 시작은 무덤을 잘못 고른 탓이라는 말들이 많았다. 1441년(세종 23년) 8월 25일 단종의 모후인 현덕왕후의 무덤을 경기도 안산의 바다가 보이는 곳에 정하자 전농시(나라의 제사에 쓰는 곡식에 관한 일을 맡아보던 관아)의 종 목효지는 임금에게 자신의 풍수 지식을 두루 열거하며 이렇게 주장했다.

"대개 산천의 기는 제 스스로 행하지 못하고 산을 따라 운행하는 것입니다. 물이 깊고 맑으며 휘돌아 굽이쳐 흐르되 오는 데에 그 근원이 안 보이고 가는 데에 그 흐르는 곳이 안 보여서 마땅히 들어올 때에 들어오고 마땅히 나갈 때에 나간다면 그곳이 명당이라 할 수 있습니다. 그러나 돌아가신 빈의 무덤인 소릉은 조종祖宗이 얕고 연약하며, 내룡來龍이 미소微小하여 끊어진 데도 있고 파인 데도 있어서 땅의 기운이 연속되지 아니하고, 산과 물이 서로 등지고 나가 산만해서 돌아

130

간 데가 없고, 흐르는 길이 곧게 나서 마땅히 들어갈 때 나가고 마땅히 나갈 때에 들어온 자리이니 흉한 곳입니다.

《동림조담》에 이르기를, '내룡이 악惡하고 약弱하면 낳은 아이가 녹아버린다' 하였습니다. 또한 당나라 역사가 이전은 '장성을 쌓느라고 산을 끊어서 진나라가 망하였고, 운하를 만든다고 지맥을 끊어서 수나라가 망하였다'고 하였습니다. 크고 작은 것은 비록 다르나 그 이치인즉 하나이옵니다."

한낱 노비에 불과했던 애꾸눈 목효지는 임금에게 올린 글에서 《동림조담洞林照膽》《곤감가坤鑑歌》《지리신서地理新書》《신서新書》《의룡경疑龍經》《호수경狐首經》《지리문정地理門庭》《낙도가樂道歌》《명산론明山論》등 수많은 풍수학 책을 인용해 박학다식함을 자랑했다. 풍수학 식견에서 당대 최고를 자랑하는 인물이 공노비 출신이란 것에 임금을 비롯한 지식인들은 깜짝 놀랐다.

이런 어수선한 상황에서 임금의 총애를 받던 풍수가 최양선이 빈궁의 능을 만들며 돌을 고를 때 돌에서 종소리가 났다는 요설을 말하다 옥에 갇히는 일도 일어났다. 빈궁의 무덤을 만들 때 시중에 떠돌던 여러 유언비어를 임금에게 그대로 올려 세상을 어지럽게 했다는 것이 그의 죄였다. 세종은 곧바로 셋째 아들 안평대군에게 지시했다.

"빈궁의 무덤이 파도 소리로 시끄러운 바닷가 근처이니 귀신인들 잠을 잘 수 있겠느냐? 다시 좋은 자리로 알아보라."

이틀 뒤 안평대군은 다음과 같은 말로 임금을 안심시켰다.

"그곳이 천하 명당이란 것이 대다수 풍수가들의 의견입니다. 푸른 용이 바다로 달아나고 노는 거북이 바다로 내려가는 지세라고 모두들 감탄했습니다."

며느리의 무덤 자리에 노심초사했던 세종은 그의 말을 듣고 안심해서 서둘러 장례를 마무리하라고 지시했다.

그런데 세자빈의 시신을 땅에 묻으려 할 때 한쪽에서 물기가 보이더니 금방 물이 솟구쳤다. 놀란 사람들이 급히 임금에게 보고했고 그렇게 해서 시신을 묻을 구덩이를 다시 파게 했다. 목효지가 올린 상소를 읽고 또 읽으며 그의 풍수 지식에 감탄한 세종은 목효지를 노비라는 신분에서 면천시켜주었으며 최양선도 국문장에서 곧바로 풀어주었다.

목효지는 그때부터 세종에게 신임을 얻게 되었다. 그리고 세종은 성균관 유생들에게 풍수학을 공부하게 하면서 풍수에 관심을 쏟는다. 그런데 7년 뒤인 1448년(세종 30년) 8월 4일, 목효지가 다시 세상의 주목을 받는다. 세종에게 문소전 옆에 불당을 설치하는 일을 극렬히 반대하는 상소를 올린 것이다. 당시 세종과 신하들은 '불당 설치' 문제로 극하게 대립하고 있었다. 임금의 자리에서 물러날 뜻까지 내비친 세종은 궁궐을 떠나 임영대군 집에 머무르며 신하들의 저항에 맞서고 있었다. 그런 상황에서 세종의 신임을 받던 목효지가 올린 상소인 만큼 모두가 그 내용에 관심을 쏟았다.

"이순풍의 《소권小卷》을 보면 '성城이 길로 끊고 자르고 개천과 도
랑으로 판 것은 모두 기운이 상한 혈이라' 하였고, 《명산보감明山寶鑑》
에서 이르기를 '기울어지고 무너져 패한 것은 병든 용이 되니 아이를
낳는 데 고통이 따르고 긴 병에 걸린다' 하였으며, 또 말하기를 '큰 물
로 땅을 침범하면 사람으로 보면 상하고 깨지는 것과 같아 패룡敗龍이
되는데 패룡은 동네가 많이 패한다' 하였습니다. 또한 이전이 지은 《지
리신서地理新書》에서는 '장성을 쌓아 산맥을 차단하였기 때문에 진나라
가 망하였고, 황하의 지류를 개통하여 지맥을 끊었기 때문에 수나라가
망하였다'고 기술했습니다.

《명산보감》에서 이르기를 '사찰이나 신단 등이 머리나 꼬리에 웅
거하면 응살혈應殺穴(죽음을 부르는 구멍)이라' 하였고, 《곤감가坤鑑歌》에
서 이르기를 '사찰이나 신단과 도원道院에서는 백정과 중이 난다' 하였
으며, 《용혈명도龍穴明圖》에서 이르기를 '종과 북의 소리가 들리지 않는
다' 하였으니, 이 법으로 본다면 없는 것만 못합니다.

사관寺觀의 의논을 혹 믿지는 못한다 하더라도, 주맥이 상하고 깨
지면 그 해가 심히 큰 것입니다. 주맥의 위가 상하고 깨져 깊은 웅덩
이가 된 곳이 있으므로 정랑 이현로가 일찍이 이미 계달하여 흙을 메
우고 보충 접속하여 용맥을 완전하게 하였는데, 다시 그 인후咽喉에 웅
거하여 근맥筋脈을 끊어서 불당을 세우니 이렇게 하면 예전 사람의 복

택ㅏ宅 상토相土하는 법에 어긋나는 것입니다. 부득이하다면 이 땅뿐이 아닙니다. 엎드려 바라옵건대 명을 거두어주소서."

목효지의 상소를 받은 세종이 말했다.

"두 맥이 동과 서로 갈라져 그 아래가 아늑하니 불당의 터인데, 목효지는 자신이 그르다고 생각하면 극한 표현으로 반대를 일삼는다. 그러니 그 말을 따르지 않겠다."

목효지의 거친 표현이 세종을 불쾌하게 했다. 특히 "사찰이나 신단 등이 머리나 꼬리에 웅거하면 응살혈을 만든다"는 말을 듣고는 화가 났을 것이다. 그러나 성군 세종은 자신의 화를 드러내지 않았다.

목효지는 자신의 주장이 받아들여지지 않자 전보다 더 거친 표현을 담은 상소를 며칠 뒤 다시 올렸다.

"신이 전에 지리의 설說로 상언하였는데, 대답을 듣지 못해 통분을 하며 다시 올립니다. 그 땅을 살펴보아도 두 맥 사이에 절을 짓는 것이 맥을 끊지 않는다고 하지만 파서 헤치지 않으면 좁은 협곡에 어떻게 절을 지을 수 있습니까. 또 동쪽과 서쪽 두 산맥 위에 드디어 길을 내고 승도들이 왕래하면 두 물이 모이는 곳의 길이 패일 것이니 세월이 오래되면 맥이 반드시 끊어질 것입니다.

신이 다시 여러 글을 상고하니, 주문공의 《경제문형經濟文衡》에서 이르기를 '천착(땅에 구멍을 뚫고 상처를 입힘)을 많이 한 곳에는 땅 기운이 이미 새어 나가서 비록 길한 땅을 얻더라도 또한 온전한 역량이 없다' 하였으니 문공의 의논을 소홀히 여길 수 있습니까. 지금 절을 세우는 곳은 계방癸方인데, 계방은 축방丑方의 분도分度에 속합니다. 시속에서 말하기를 '본명本命의 방위方位는 범하여 움직일 수 없다' 하니 이것으로 본다면 그 해가 심히 큽니다.

문맹검은 별로 재주와 덕도 없이 지나치게 성상의 은혜를 입어 벼슬이 6품에 이르렀는데 부족함도 모르고 서운감 사역으로 있으면서 임금의 은혜를 모르고 임금을 속이면서도 조금도 두려워하지 않고 있으니 그 죄는 목을 베어도 용납될 수 없습니다. 신이 본래 미천하오나 신유년(1441년)에 특별히 성상의 은혜를 입어서 밤낮으로 전전긍긍하여 손에서 책을 놓지 않고 여러 해 연구하여 풍수에 밝은 눈을 떴습니다. 그래서 이 지식을 전하지 않으면 불충함이라 생각하고 있습니다. 신이 어찌 뒤를 생각하고 말을 하오리까."

목효지가 문맹검을 비난한 것은 문소전 옆에 불당을 짓는 것이 천하의 명당을 얻는 일이라며 임금의 뜻을 살펴 출세하려 한 문맹검의 처세술이 마뜩잖았기 때문이다. 임금은 "천인賤人도 신臣이라 칭할 수 있는가?" 하고 말한 뒤, "맹검 혼자 불당터를 정한 것도 아닌데 그에게 맹렬히 달려드니 무섭다"며 의금부에 목효지를 고문하라는 명을 내리려 했다. 그때 승지가 나섰다.

"귀천 제한 없이 신이라 칭할 수 있습니다. 글이 과격하지만 그렇다고 글을 올린 사람에게 죄를 줄 수는 없습니다."

세종은 목효지를 다시 전농시의 종으로 삼게 하라 명했다.

목효지는 문종이 승하하고 어린 단종이 즉위하자 다시 부활을 시도한다. 1452년(단종 즉위년) 6월 5일, 풍수적으로 그가 가장 찜찜하게 생각했던 헌릉을 문제 삼았다.

"헌릉 뒷산이 거꾸러지는 형상이니 주인이 약하고 객이 강한 형상입니다."

헌릉에는 태종과 원경왕후가 잠들어 있고, 그 뒤 세종도 그 주변에 묻혀 영릉이라 했는데 문종 역시 아버지 옆에 묻히길 원했다.

목효지의 이런 주장에 조정은 다시 혼란스러워졌다. 강맹경은 단종에게 "대군들(문종의 형제들)과 중신들이 전날 다시 능의 산세를 살폈는데 다들 이상이 없다고 했습니다"라고 보고했다. 다음 날 신료들이 목효지의 처벌을 요구하자 단종은 그를 황해도 안성참 아전으로 예속시키라 명한다.

그런데 목효지의 예상은 또 적중했다. 1452년 7월 17일, 문종의 재궁을 묻을 땅을 파는데 갑자기 물이 솟구쳤다. 단종은 보고를 받고 곧바로 다른 곳을 알아보라고 지시한다. 그리고 1452년 9월 1일, 태조 이성계의 무덤인 건원릉 동남쪽에 현릉을 만들고 문종의 재궁을 안장시켰다. 그리고 그해 윤9월 21일 목효지도 다시 관노비에서 풀려난다.

하지만 목효지는 단종이 왕위에서 쫓겨나면서 다시 목숨이 위태로운 상황으로 몰렸다. 1455년(단종 3년) 3월 1일, 목효지가 금성대군과 함께 역모를 꾀한다는 탄핵 상소가 접수됐다. 금성대군과 여러 장수들 그리고 목효지와 환관 엄자치 등이 쿠데타를 계획한다는 것이었는데, 단종은 거듭 죄를 청하는 상소를 묵살한다.

하지만 단종이 왕위에서 쫓겨난 후 세조는 1455년 11월 9일 목효지를 비롯한 18명을 민심을 교란시켰다는 이유로 교수형에 처했다.

"눈이 하나뿐인 풍수가 목효지. 그는 처음에는 안평대군과 일을 도모하여 역모를 꾀했고, 틈만 나면 왕릉을 흉한 터라 하여 민심을 교란한 죄인인데 이번 금성대군이 일으키려 했던 반란에 깊이 참여한 것이 밝혀져 교수형에 처하노라!"

'민심을 교란했다'는 것이 죄목인데 뚜렷한 이유는 아니었다. 목효지의 불길한 예언이 너무 잘 맞았다는 것 때문에 세조의 심기가 불편했던 것이다. 세조는 목효지의 태생이 궁금했다. 태어날 때는 종의 신분이었다고 하는데, 그가 세종에게 올린 상소문을 보았던 세조는 원래부터 종의 가문은 아니었을 것이라 의심하여 목효지의 집안을 조사하게 했다.

사천 목씨 집안의 목인해라는 인물이 《실록》에 등장한다. 1398년 8월 26일, 바로 제1차 왕자의 난이 일어난 그날 목인해는 수군으로 충군된다. 그런 그가 또 1400년 1월 28일, 제2차 왕자의 난이 일어났을 때 이방간(이방원의 바로 위 형)을 상대로 싸우다 얼굴에 화살을 맞는 중상을 입는다. 그리고 1402년 6월 25일 《실록》에는 "호군護軍 목인해의 죄를 면제해주도록 명한다"는 기록이 보인다. 그의 아버지는 고려 말의 재상인 목신우라는 인물인데 목인해는 정처 자식이 아닌 기생첩의 자식이라고 한다. 그리고 제2차 왕자의 난 당시에 당한 부상 때문인지 "애꾸눈이지만 임금이 무예가 특별하다 하여 임금 옆에서 시위할 것을 명한다"고 기록되어 있다. 목인해의 출생 신분이 궁금한 듯 《실록》은 그가 살아온 과정을 적고 있다. 또한 목효지의 숙부인 목인해가 도둑으로 몰린 이야기도 자세히 기록돼 있다.

"목인해가 아내가 없으므로 통사通事 곽해룡의 처에게 장가들도록 명하였으니 그 아내는 자식이 없이 죽었다. 뒤에 목인해가 밤에 그 집에 가서 도둑질을 하려다가 붙들리어 싸웠다. 이튿날 그 아내의 어머니가 형조에 고하여 목인해의 종을 잡아다 국문하니 사실대로 말하였다. 바로 전날에 잃었던 단자段子 30필과 금은 한 부대를 찾아내니 모두가 목인해가 도둑질한 것이었다. 형조에서 장 1백 대, 도 3년에 처하도록 조율照律해서 아뢰니 임금이 인해를 순위부에 내려 속장 70대에 처하게 하였다. 잠저潛邸 때 시종했기 때문이었다."

1408년 12월 5일 목인해의 이름이 또다시 등장한다. 그가 평양성에서 조대림과 함께 반란을 꾀한 사실이 적발된 것이다. 그때 《실록》에는 그가 원래 이제 집안의 종이었다고 기록되어 있다. 이제는 경순공주(신덕왕후 소생인 이성계의 셋째 딸)와 결혼한 이성계의 사위로, 제1차 왕자의 난 때 방석과 함께 죽음을 당한 인물이었다. 목인해는 1408년

12월 9일 반란의 수뇌로 몰려 도성 저잣거리에서 거열을 당했으며 자식들은 교살되었다. 목인해를 구명하기 위해 맹사성 등이 나섰지만 허사였다.

세상의 길흉화복을 점치는 풍수학을 배워 한때 임금을 감탄하게 했던 풍운아 목효지는 결국 비운의 풍수쟁이로 삶을 마쳤다. 목인해가 애꾸눈을 하고 태종 이방원에게 죽임을 당한 것처럼 그의 조카 목효지 역시 쿠데타를 일으킨 세조에게 죽임을 당했다.

예언대로 전개되는 역사

목효지가 죽기 직전, 그의 예언대로 역사가 진행됐다. 1453년 가을 계유정난을 예고했던 부엉이들이 다시 출현한 것이다. 다시 피바람이 예고되고 있었다.

수양대군은 우선 신숙주를 자기편으로 끌어들이고 홍달손, 양정 등의 심복 무사들을 양성했다. 그리고 1453년 4월 명나라에 다녀온 뒤 불과 6개월 만에 쿠데타를 일으켜 정권을 빼앗았다.

1453년 10월 10일, 계유정난이 일어난 그날 밤 이후 수양대군은 영의정 자리에 올랐고 이어 왕위까지 차지했다. 1455년 윤6월 11일, 경복궁 근정전 뒤편에서는 세조의 즉위식을 반대하는 왕실의 가족들이 감옥으로 끌려가고 있었다. 가장 격렬하게 저항한 사람은 금성대군 이유였다.

단종에서 노산군으로 강등된 청년은 경회루에서 무릎을 꿇고 숙부이며 이제 임금이 된 세조에게 대보大寶를 바쳤다. 그리고 근정전에서는 명나라 사신들이 참석한 가운데 조선 국왕의 양위를 진행했다. 세조의 눈빛은 여전히 살기등등했다.

"노산군이 경회루 아래로 나와서 세조를 부르니 세조가 달려 들어갔고 승지와 사관이 그 뒤를 따랐다. 노산군이 일어나니 세조가 엎드려 울면서 굳게 사양하였다. 노산군이 손으로 대보를 잡아 세조에게 전해주니 세조가 더 사양하지 못하고 이를 받았다."

《실록》의 기록은 아름다운 양위 의식을 그리고 있다. 하지만 그건 권력의 눈을 무서워한 사관의 거짓 기록이다. 실제로는 이렇다. 단종이 가지고온 보자기를 건네자 눈에 붉은 기운이 가득한 수양대군은 그 보자기를 풀었다. 임금 자리를 건네주겠다는 전위교서였다. 신숙주는 "전하! 그것만은 아니 됩니다!"라고 소리쳤다. 수양대군의 날카로운 시선이 신숙주와 맞부딪쳤다. 하지만 그것으로 끝이었다. 명나라 사신들이 어리둥절해하는 사이 신숙주가 밖으로 끌려나왔다.

다음 날, 이번에는 절반의 종친들이 참석한 양위 확인 의식이 진행됐다. 양녕대군이 웃으며 세조의 어깨를 감쌌다. 단종에서 노산군으로 전락한 청년은 익선관과 흑곤룡포 차림으로 경회루 아래로 나왔다. 역시 같은 복장 차림으로 세조가 맞은편에 섰다. 양녕대군이 두 사람에게 각각 술을 따랐다. 그렇게 해서 숙부는 조카의 왕위를 빼앗고 모든 의식을 마무리했다.

왕위를 빼앗기고 의식을 잃은 노산군은 3일 동안이나 경복궁 깊은 곳에 감금된 듯 누워있었다. 세조가 누워있는 조카를 병문안했다. 세조는 다정스럽게 조카의 머리를 만지며 작은 목소리로 말했다.

"지금은 죽을 때가 아닙니다. 이 숙부가 만든 새로운 국가를 보셔야지요."

조카는 얼마 뒤 일어났다. 그날 중국에서 온 사신들과 함께 경회루에서 연회가 열렸다. 숙부는 그날 열다섯 살인 조카에게 술을 아홉 잔이나 먹었다. 술에 취한 조카는 갑자기 "숙부님! 제발 살려주세요!"라고 말하며 울음을 터트렸다. 놀란 내시들이 노산군을 안아서 경복궁 깊은 곳에 뉘였다.

1455년 윤6월 20일 노산군은 경복궁을 나와 창덕궁으로 거처를 옮겼다. 세조는 그날 자신이 살던 잠저에서 나와 경복궁 영추문을 통해 입궐했다. 그리고 15일 뒤 종묘에 가서 자신이 새로운 임금이 됐다고 조상들에게 알렸다.

1457년 여름, 큰바람이 불고 갑자기 광화문의 대문짝이 쪼개졌다. 그날 밤 부엉이 한 마리가 근정전 위에 앉아 있었다. 그리고 며칠 동안 계속 궁궐 주변을 부엉이들이 맴돌기 시작했다.

금성대군은 조카의 손을 비틀어 왕위를 빼앗은 형을 용서하지 못했다. 초반 혁명의 깃발을 올렸을 때에는 기세가 좋았다. 영주, 안동, 예천까지 접수했다. 그러나 안동의 한 관노가 혼자 출세하고자 1457년 6월 27일 그 사실을 풍기군수에게 알렸고, 풍기군수는 말을 타고 한양에 직접 고발했다. 난은 진압됐고 경상도 순흥의 죽계계곡에 반란군들의 머리가 나뒹굴었다. 작은 계곡은 피로 얼룩졌다. 약 7백 명이 관군에게 처참하게 죽은 것이다. 금성대군은 한양으로 압송된 뒤 쥐도 새도 모르게 죽었다. 그의 나이 서른두 살이었다.

한편 그 무렵 세조의 장남 의경세자가 거의 의식이 없는 상황에서 아버지의 명으로 경복궁에 들어서고 있었다. 흉한 기운을 피한다는 이유로 이곳저곳으로 돌아다니던 왕비도 경복궁으로 들어섰다. 세조는 현덕왕후에게 시달리는 꿈을 꾸곤 했다. 현덕왕후는 세조의 꿈에 나타나 저주를 퍼부었다. 살아있는 세조와 죽은 현덕왕후는 단종과 의경세자를 볼모로 놓고 싸우고 있었다.

1457년 9월 2일, 의경세자는 경복궁 동궁에서 희미해진 의식을 내려놓고 있었다. 세조는 안타까운 마음으로 세자의 얼굴을 품에 품었다. 예의 바르고 학문을 좋아했던 의경세자는 세조가 단종을 죽인 후 갑자기 병이 많아져 결국 스무 살이라는 나이에 요절하고 말았다. 그는 죽기 직전까지 경복궁 동궁에서 현덕왕후의 혼령에 시달렸던 것으로 알려져 있다.

142

경복궁 동궁터

세조는 아들의 죽음이 현덕왕후의 혼령 때문이라 판단하고 무덤을 파헤치라 명한다. 그리고 종묘에 있는 신주를 철거했다. 하지만 형수의 원혼이 겁나 그랬을까? 세조는 죽은 형수를 저주하기 전 원손인 해양대군(예종)을 경복궁 동궁에서 다른 곳으로 피난시켰다.

"무섭습니다."

명을 받은 내관이 이렇게 말하자 세조는 단호하게 말했다.

"무엇이 무섭단 말이냐? 귀신은 없다! 현덕왕후의 어미를 죽여라! 그리고 그 동생들도 모두 죽여라!"

스스로 주술에 걸린 듯 세조는 난폭하고 광기 어린 행동들을 서슴없이 저지르고 있었다. 금성대군의 '단종복위운동'은 오히려 단종을 더욱 위험한 곳으로 몰아가고 있었다. 계속해서 노산군을 역적으로 다스려야 한다는 주장이 강하게 제기됐고 양녕대군까지 그 주장에 힘을 실어주고 있었다.

결국 세조는 단종이 유배되어 있던 영월로 사약 한 사발을 보낸다. 1457년 10월 21일 《실록》에는 이렇게 기록되어 있다.

"송현수(노산군의 장인)를 교형에 처하자, 노산군이 스스로 목을 매달고 자결했다"

그러나 단종은 스스로 목을 매 죽은 것이 아니라 누군가에 의해 목졸려 죽었다.

두 달 뒤 세자로 책봉된 해양대군이 다시 동궁으로 돌아왔다. 왕비 정희왕후는 큰아들 의경세자가 세조의 고집으로 경복궁에 들어왔다 시신이 되어 나간 것을 언급하며 세조에게 경복궁을 멀리해야 살 수 있다고 말했다. 그러나 세조는 단호하게 말하며 아내의 뜻에 따르지 않았다.

"내가 이 나라 임금인데 나라의 정궁인 경복궁을 떠나 어디서 살겠소?"

하지만 결국 세자빈이 경복궁 동궁의 강한 기운에 중병이 들자 1461년 11월 1일 경복궁을 떠나 창덕궁으로 이동했다. 《실록》에는 창덕궁으로 이전한 그 다음 날 후원에서 포를 쏘게 했다는 기록이 보인다. 한밤에 포를 쏘는 일은 불길한 기운이 궁궐 주위에 어른거린다고 생각될 때 임금의 판단으로 내리는 조치였다.

　그리고 얼마 뒤 세조에게 기쁜 소식이 들려왔다. 1461년(세조 7년) 11월 30일 세자빈이 아이를 출산한다는 소식을 듣고 아침부터 설렘과 근심이 가득한 얼굴로 임금과 중궁은 안절부절 못하고 있었다. 저녁을 먹은 뒤 한참이 지난 시각, 한치 앞도 보이지 않는 깜깜한 밤 드디어 기다리던 소식이 들려왔다.

　"이제 막 왕자님이 태어나셨답니다. 전하, 감축드립니다!"

　곧바로 세조는 사돈 한명회를 불러들여 밤새 술을 나누었다.

　"내 임금이 된 뒤 오늘처럼 기쁜 날은 처음이오!"

　다음 날 임금은 등극한 이후 두 번째로 대대적인 사면령을 내렸다.

　"반역죄를 범한 자 이외의 사형수들도 모두 풀어주라!"

　하지만 기쁨의 순간도 잠시, 세자빈은 난산의 후유증으로 숨을 거두고 말았다. 한명회의 딸이었던 세자빈은 예종의 장남인 인성대군을 출산한 지 5일 만인 1461년 12월 5일에 죽었다. 그때 그녀의 나이는 고작 열일곱 살이었다. 여인의 시신을 대궐로 들여올 것을 황수신이 청하니, 여인의 친정아버지 한명회가 대궐에서 나가 죽은 여인은 대궐로 다시 돌아올 수 없는 것이 법도라며 안기의 사저에 빈소를 마련해 줄 것을 청해 임금이 그대로 따랐다. 그해 겨울 유난히 날씨가 따뜻해 찬궁을 만들 얼음이 없어 강화도까지 가서 얼음을 떠왔다.

　세자빈이 죽은 이틀 뒤 세조는 칼을 차고 경복궁으로 환궁했다. 세조는 화가 나서 잠을 이루지 못하고 며칠 동안 통음을 했다. 그때 술잔을 함께 들던 사람이 신숙주였다. 두 사람은 경복궁 안에 떠도는 이상한 기운들에 대해 이야기를 나누었다. 세종 시절 건립돼 문종이 오랫동안 머물렀던 동궁이 불길하다 생각한 세조였다.

3개월 뒤인 1462년 2월 11일 세조는 왕비와 함께 경복궁을 거닐며 새로 지을 동궁터를 살펴보았고, 그해 12월 검소하고 아담한 동궁이 완성됐다. 그리고 1463년 10월 24일, 고작 세 살이었던 원손 인성대군 이분이 죽었다. 세조는 죽은 손자를 보며 한 사람의 얼굴을 떠올렸다. 바로 애꾸눈 목효지였다.

"내룡이 악惡하고 약翁하면 낳은 아이가 녹아버립니다."

그가 20년 전에 한 말이 세조의 귓가를 맴돌고 있었다.

세조는 경복궁 근정전에서 늦은 밤까지 공신들과 자주 술자리를 벌였다. '한나라의 공신은 그 나라의 흥망과 함께한다.' 세조의 국정 철학이다. 세조는 공신들 2천 6백 명이 나라를 이끈다고 생각했다. 폭력을 저질러도 악덕을 행해도 임금 혼자 책임지는 것이 아니고 공신들이 공과 악을 동등하게 책임져야 할 것이라는 말을 자주했다. 그래서 틈만 나면 회맹會盟을 열었다. 서로 변치 말자는 공신들의 단합대회다.

회맹은 술로 시작해서 술로 끝이 났다. 취할 때까지 술을 마시다 다음 날 해장으로 마무리했다. 세조는 술을 자주 마시는 이유가 독한 술로 종기 기운을 죽여야 하기 때문이라고 말하곤 했다. 고통을 이기기 위해서는 술보다 좋은 것이 없다는 것이었다.

세조는 죽기 직전 심리적으로 매우 불안해했다. 1468년(세조 14년) 5월 28일, 임금이 경복궁 충순당에 나타났다. 이곳이 어디인가? 바로 문종이 아버지 세종이 죽자 1년 동안 슬픔을 달랬던 곳이고, 단종이 왕위를 빼앗기고 2년 동안 감금되다시피 한 곳이다. 세조는 종친과 공신들을 불러 술자리를 하면서 그동안 차곡차곡 마음에 담아놓았던 것들을 말한다. 죽기 직전 세조의 속내를 들여다볼 수 있는 《실록》의 기록이다.

"내가 잠저에서 일어나 창업의 임금이 되어 사람을 죽이고 사람을 형벌한 것이 많이 있었으니, 어찌 한 가지 일이라도 원망을 듣지 않는 것이 있겠는가? 《주역》에 이르기를, '소정小貞은 길하고 대정大貞은 흉하다' 하였다. 나는 아주 작은 일도 사사로운 이익으로 행한 것은 없다. 모두 국가를 위해 큰 생각으로 행한 것이다. 그러니 두려울 것도 없다."

그러나 하늘의 답은 세조의 생각과 달랐다. 하늘은 천재지변으로 답을 했다. 다음 날, 폭우가 내려 도성 여러 곳에 홍수가 나서 물에 빠져 죽은 사람이 많았다. 그리고 천둥번개가 요란해 소격전에서 제사를 지냈다.

죽기 불과 보름 전, 임금은 불길하고 불편한 기운이 가득한 궁을 나와 평생 자신을 옆에서 보좌한 한명회의 집으로 가고 싶었다. 세조는 살이 썩어 마치 문둥병자처럼 하고 있는 몰골이 밖으로 전해질까봐 캄캄한 밤을 선택해 한명회의 집으로 가려 했다. 달도 없는 캄캄한 밤에 창덕궁 선정문을 나서려는데 갑자기 그 옆에 있던 나무가 쓰러지면서 멀쩡하던 문이 부서졌다. 마부 서영남이 두 손으로 그 나무를 붙잡았기 때문에 어가를 탄 세조가 무사할 수 있었다.

"가지 말라는 귀신들의 장난이구나! 나를 살린 서영남에게 높은 벼슬을 주거라."

다행히 서영남의 도움으로 목숨을 구했지만 세조는 고작 한 달을 더 살았을 뿐이었다.

"나를 수강궁으로 옮겨라!"

1468년 8월 26일 세조는 자신의 삶을 마무리하는 곳으로 수강궁을 택했다. 그리고 열흘 뒤인 9월 7일 마지막으로 자신이 해야 할 일을 하고 있었다.

"오늘 밤 혜성이 떨어졌다는구나!"

"걱정하지 마시옵소서. 늘 있는 일입니다."

신숙주가 임금을 위로했다.

"그래 늘 있는 일이지. 별이 떨어지는 것도, 사람이 죽는 것도 늘 있는 일이지. 이제 나는 다 왔다. 내가 가야 할 길은 다 걸은 셈이다. 그러니 세자에게 왕위를 물려주고자 한다."

"전하! 이제 몸이 좋아지시는데 어이하여 자리를 내놓으려 하십니까? 신들은 옳지 못하다고 생각합니다."

세조는 화를 냈다.

"가야할 곳이 있고 나는 이미 길이 끝난 곳에 서있는 사람인데 무슨 말을 하는 것이냐? 내시는 어서 면복을 가지고 오너라. 세자는 어디 있느냐?"

"원각사에서 불공을 드리고 있습니다."

"부질없는 짓이다. 부처가 날 살릴 수 있다 보느냐? 아니다. 갈 시간이 다 됐다. 어서 속히 세자를 입궐하게 하라! 새 임금이 즉위하는 것을 보고 싶구나!"

그렇게 한밤에 세자는 임금 앞에서 곤룡포를 입고 면류관을 썼다. 세조는 죽기 하루 전인 1468년 9월 7일 아들에게 왕위를 물려준 뒤 다음 날 저녁 7시에 수강궁에서 승하했다.

세조는 죽으면서 살아남은 자들에게 마지막 유언을 남겼다.

"평생 병으로 고생한 내 몸은 빨리 썩어야 한다. 그것이 나를 위하는 길이다. 내 무덤에는 석실과 석곽을 사용하지 말 것이며, 병풍석을 세우지 말라."

세조의 사후 공간인 광릉은 그의 유언대로 회격(관을 구덩이 속에 내려놓고 그 사이를 석회로 메워서 다짐)으로 만들었다. 조선의 임금 가운데 처음이었다. 그런데 회격은 시간이 지날수록 석실과 석곽보다 더 단단해지고 공기가 통하지 않으니 세조의 바람과는 달리 그의 육신은 그리

빨리 썩지 않았을 것이다.

333년 뒤 단종의 한풀이

많은 사람들이 단종의 폐위에 분노했다. 도저히 참을 수 없는 일이 일어난 것이라며 양심 있는 지식인들이 들고 일어났다. 이 사건은 조선 역사에서 양심 있는 지식인들은 죽음을 맞고 불의한 권력에 충성하는 기회주의자들이 성공한 오욕의 역사를 대표한 일이었다. 세조의 권력욕 때문에 조선왕조의 정통성은 개국 이후 약 60년 만에 또 중대한 고비를 맞고 있었다.

1456년(세조 2년) 6월 21일, 단종이 세조에게 선위한 뒤 약 1년이 지날 무렵 세조를 암살하기 위한 음모가 물밑에서 진행되고 있었다. 성삼문, 박팽년, 하위지, 이개, 유성원, 유응부 등은 명나라 사신들을 위한 축하 연회 때 세조를 암살하려는 계획을 세웠다. 그런데 한명회가 세조에게 귓속말을 하는 듯하더니 그날 연회장을 지키는 병사들에게 모두 칼을 버리고 행사장에 들어가라고 명한 것이다. 계획에 차질이 생기자 불길한 낌새를 눈치챈 김질이 장인 정창손에게 모반을 획책하고 있다고 고백해버렸다.

"무릇 모반謀反과 대역大逆은 다만 공모한 자라도 우두머리에서 그

저 따르던 자들까지 모두 능지처사하고, 아비와 아들의 나이 16세 이상은 모두 교형에 처하며 15세 이하와 어미와 딸, 처첩 등은 공신의 집에 주어 종으로 삼게 하고 재산은 모두 관가에서 몰수하게 하라!"

세조의 차가운 음성이 경복궁 사정전 안을 울렸다. 정전 앞에서는 비명소리가 끊이지 않았으며 군기시 앞 광장에서는 효수당한 죄인들의 머리가 깃발처럼 바람에 펄럭였다. 또한 일부 죄인들은 거열을 당하고 있었다. 목과 팔이 떨어지고 피가 튀면서 허공을 가르는 비명소리가 마치 아비규환을 방불케 했다. 세종을 성군으로 만들었던 집현전 학자들의 머리가 노량진 백사장의 뜨거운 태양 아래에서 잘려 나갔다.

이것이 바로 세조가 왕위를 찬탈하기로 작정한 뒤 일어난 첫 번째 단종복위운동이다. 이 사건으로 수많은 사람들이 역모에 휘말려 죽음을 맞았다. 세조의 왕위 찬탈에 죽음으로 항거한 성삼문, 하위지, 이개, 박팽년, 유성원, 유응부 여섯 사람이 바로 유교적 사관에서 사육신이라 칭송받는 인물들이다. 두 번째 복위운동은 앞서 언급한 것처럼 금성대군이 1457년 10월에 일으킨 경상도 안동, 영주 지역의 거병이다.

경복궁의 동쪽 문인 건춘문은 태조 이성계가 경복궁을 만들 때 맨 처음으로 만든 문이다. 봄날 따뜻한 기운이 이 문을 통과해 대궐은 물론 나라 전체가 봄볕처럼 따사로웠으면 하는 바람에서 세운 것이었다. 하지만 경복궁 안에는 따뜻한 기운은 돌지 않고 계속해서 불길한 기운

경복궁의 동쪽 성문인 건춘문

들이 들어서고 있었다.

　세조의 광기로 인해 도성 곳곳에서 처참하게 처형이 이루어지던 그 무렵인 1456년 6월 26일, 건춘문을 지키던 갑사 김장수가 갑자기 벼락에 맞아 죽는 일이 일어났다. 이상한 일이었다. 마른하늘에 날벼락이란 이런 걸 두고 한 말이었다. 말짱하던 하늘에 갑자기 검은 구름이 꿈틀거리더니 한줄기 시원한 바람과 함께 소나기가 내렸고 천둥번개가 치는가 싶더니 건춘문 앞에서 창을 들고 있던 갑사 김장수 머리 위로 벼락이 내리친 것이다. 놀란 세조는 그 다음 날 모든 옥사를 중지시키고 해괴제를 올리게 했다.

　세조는 스스로 창업군주라 말했다. 태조 이성계 이후 단종을 폐하고 자신이 등극한 것은 도약을 위한 제2의 창업이라 주장했다.

"현릉(문종의 무덤)에 비석을 세우지 말라."

특별히 한 일이 없다는 것이 이유였지만 그 속내는 달랐다. 사실은 비석의 글씨가 안평대군의 것이기 때문이었다. 현릉의 비석은 영조 때 조선시대의 전체 능역을 정비하면서 능역을 찾기가 어렵다는 이유로 다시 세워졌다.

단종이 죽은 뒤 60년이 지난 1516년(중종 11년) 12월 10일, 중종은 단종의 묘에 가서 제사를 지내게 했다. 제사를 지내고 돌아온 승지가 이런 보고를 올렸다.

"영월읍에서 서쪽으로 5리 길 곁에 약 두 자 높이의 작은 무덤이 있었습니다. 그 무덤 옆으로는 많은 무덤들이 있는데, 그곳 사람들은 군왕의 묘라 부르며 언제나 그 옆을 지날 때 경건하게 절을 했습니다. 처음 황급하게 숨을 거둘 때 모두 무서워 벌벌 떨었지만 고을 아전 엄 홍도란 자가 찾아가 슬피 울고는 후하게 장사를 지냈다고 합니다."

그러나 원혼들은 영월 주변을 맴돌고 있었다. 1533년(중종 28년) 3월 12일 《실록》의 기록은 심상치 않다.

"영월군에는 푸른빛이 하늘에서 내려와 공중에 가로질러 있었는데, 그 사이에 유기 주발만한 붉은빛이 산허리에 떨어지자 소리가 산악을 진동시켜 사람들이 모두 해괴하게 여겼다. 그 빛은 곧 불로 변하여 숲을 불태웠는데 마침 큰비가 내려 저절로 꺼졌으나 나뭇잎과 잡초는 모두 불에 탔다."

3월 12일, 이날은 무슨 날인가? 바로 현덕왕후 권씨가 태어난 날이다. 그날 화재에 이어 큰비로 단종의 무덤이 어디론가 쓸려갔다. 1541년(중종 36년)에는 영월에 부임한 군수들이 일곱 명이나 잇따라 의문사하는 일이 벌어졌다. 부임하는 영월군수에게는 단종의 무덤 찾는 일이 가장 급선무였지만 이를 성취한 사람은 없었고 이유도 없이 잠을 자다 죽는 일이 계속 벌어진 것이다.

장릉(단종의 무덤) 안에는 낙촌기적비駱村紀績碑가 있다. 그 비석에는 당시 영월군수로 부임한 박충원이 단종의 무덤을 찾은 과정이 기록되어 있다. 부임한 첫날 꿈을 꾸는데 저승사자 같은 세 명이 문득 자고 있는 박충원을 끌고 어디론가 갔다. 그곳에 가니 여섯 명의 신하들이 어린 임금을 모시고 있었다. 주변에서 박충원을 서둘러 죽여야 한다는 소리들이 들렸다. 어린 임금이 박충원을 죽이라 명하는데 세 번째에 서있던 자가 살려 달라고 간청해 죽음을 면할 수 있게 되었다.

잠에서 깬 뒤 꿈에서 갔던 길을 찾아 나선 박충원은 그곳에 버려진 무덤이 있는 것을 발견하고 그것이 단종의 무덤임을 알게 되었다. 박충원의 노력으로 단종의 무덤은 그 모습을 되찾게 되었으며 그 뒤로 영월군수의 의문사는 일어나지 않았다.

1576년(선조 9년) 5월 15일, 단종이 죽은 뒤 120년 만에 임금은 영월 묘소에 관리를 보내 제사를 지내게 했다. 1698년(숙종 24년) 9월 30

일 드디어 노산군이 아닌 단종으로 왕의 호칭이 회복됐다. 하지만 한이 쌓인 시간이 오래된 만큼 구천을 떠도는 영혼은 쉽게 세상과 화해하려 하지 않았다.

단종이 죽은 지 333년이 지난 1790년 12월, 임금의 명을 받아 영월에 도착한 강원도 관찰사 윤사국은 신비한 일을 경험한다. 단종이 정자에 올라 시름을 달래며 자주 '자규사子規詞'라는 노래를 불렀는데 그때마다 소쩍새가 임금 옆에서 슬프게 울었다는 이야기가 그의 꿈에 생생하게 나타난 것이다.

꿈을 꾼 다음 날 윤사국은 인부들을 대동하고 영월 사람들이 증언하는 것을 기초로 정자가 매몰된 곳으로 추정되는 곳을 파헤치라 명했다. 그런데 갑자기 천둥이 치고 비가 쏟아져 일을 할 수가 없었다. 그리고 다음 날 큰바람이 불더니 불이 나서 객사 남쪽에 있던 집 다섯 채를 태워버리자 누각의 터와 계단이 또렷이 드러났다.

이상한 일들은 계속 일어났다. 겨울에서 막 봄으로 변하는 시기라 땅은 얼어 있었고 눈도 제법 쌓여 있었다. 그래서 목재와 돌을 구할 수 없었는데 마침 큰비가 사흘이나 내려 강물이 크게 불어났다. 그리하여 금장강 동쪽에서 벤 나무는 강물에 띄워 내려오게 할 수 있었고, 봉산 북쪽에서 캔 돌은 진흙이 미끄러워 운반하기가 쉬웠다. 그렇게 자연의 신비한 힘을 빌려 불과 두 달 만에 단종의 아픈 기억을 간직하고 있던 자규루子規樓를 다시 만들 수 있었다.

경연관 이만수가 경연 자리에서 이 이야기를 하자 정조는 안타까운 표정을 지으며 탄식했다.

"이상한 일이다. 죽은 지 333년이 지났는데, 이제 와 옛터를 찾으려는 간절한 정성을 알고 갑자기 불이 나서 다섯 채의 오두막을 태우고, 바람이 일어나 그 형세를 도와 재와 모래를 쓸어서 날려 보내고, 옛날 기왓장이 흙 밑에서 드러나고 무늬 있는 주춧돌이 옛터에서 드러났다니 귀신의 조화가 아니라면 이를 어찌 설명할 수 있겠는가?"

궁궐 귀신이 된 두 여인

쿠데타로 점철된 조선 초기 역사에서 궁궐 귀신 소동의 중심에는 언제나 신덕왕후 강씨와 현덕왕후 권씨가 있었다. 가해자들의 마음에 남은 두려움 때문일까? 두 여인의 원한은 살아있을 때보다 죽은 뒤에 더욱 강해졌을 듯하다. 무덤이 파헤쳐지고, 혈육들이 살해당하고, 신주가 철거됐으며, 살아있을 때 누리던 모든 명성은 은폐됐다.

신덕왕후가 죽은 뒤 두 아들은 불귀의 객이 됐으며, 그 억울함과 원통함을 간직한 원혼이 부엉이로 환생해서 궁궐 곳곳에 나타나 산 자들을 두렵게 했다. 신덕왕후가 부엉이로 환생했다는 것을 의미하듯 정릉 석호의 눈은 유난히 크다.

현덕왕후 역시 아들 단종이 임금의 자리에서 쫓겨나 영월 땅에서 목 졸려 죽고 자신의 어머니와 동생들이 모두 피살되자 세조의 꿈속에 자주 나타나 저주를 퍼부었으며 세조의 몸은 점점 흉측하게 변해갔다. 죄를 저지른 사람의 두려움이 그를 그렇게 만들었을 것이다.

조선 초기 경복궁 깊은 곳에 자리했던 문소전은 귀매들을 잠재우기 위한 보호 신당의 성격이 강했다. 태종 이방원은 계모의 저주를 생모의 신전으로 막고자 했다. 불길한 기운을 품은 부엉이들에게 습격을 당하던 태종은 한 달에 대여섯 번 문소전에 들러 계모 신덕왕후의 저주를 막아 달라고 기도했다.

태종은 1408년 아버지 이성계가 죽자 정릉을 옮기면서 경복궁에 있던 계모의 사당인 인안전을 정릉으로 이전해버리고 경복궁 후원 부근에 있던 어머니 신의왕후의 사당을 크게 지었다. 그날은 신덕왕후가 가슴을 치며 통곡한 날로, 세자 방석이 대궐에서 쫓겨난 날이자 죽기 하루 전날인 8월 26일이었다.

"인소전仁昭殿을 문소전文昭殿이라 고치고 매일 세 사람씩 혼전을 굳게 지키라 명했다."

신덕왕후의 무덤인 정릉 역시 258년 동안 관리하는 사람 없이 방치되고 있었다. 1669년(현종 10년) 1월 4일 송시열은 조선왕조의 법통을 중시하며 최초의 국모 신덕왕후의 신위를 다시 종묘에 봉안할 것을 몇 달 동안 고집스럽게 주장하여 관철시켰다. 그해 8월 13일 신덕왕후의 제사를 258년 만에 처음으로 다시 지냈다. 《실록》에는 당시의 민심이 이렇게 표현돼 있다.

"이때 신덕왕후의 제사를 빠뜨린 지 2백여 년이 넘었는데 하루아침에 비로소 거행하자 사람들이 모두 기뻐하며 눈물을 흘렸다."

당시 신덕왕후의 혼전이 어디였는가를 놓고 의견이 분분했다. 대부분의 사람들이 혼전은 경복궁 안이 아니라 정릉 부근이었을 것이라고 말했지만 좌참찬 송준길만은 다른 주장을 폈다.

"《실록》과 여러 기록들을 종합한 결과 왕후의 혼전은 태조대왕이 서울을 옮긴 날짜와 신덕왕후의 장례를 끝마치고 3년이 지나 인안전에 영정을 모신 일들이 대단히 명백하여 인안전의 옛터가 경복궁의 옛날 궁전 자리 안에 있었다는 것도 의심이 없는 사실입니다."

그래서 임금은 그의 주장을 받아들여 경복궁 근정전터에 혼전을 설치했다. 당시 경복궁은 잡초만 무성한 폐허였는데 혼전만이 쓸쓸하게 서있게 된 것이다. 그 무렵 도성 하늘은 신기한 기운들을 뿜어내고 있었다.

"초저녁에 청적색의 한가닥 기운이 서쪽에서부터 생겨나 곧바로 하늘 중앙 쪽을 향해 뻗쳤다. 길이는 3~4척, 너비는 1척쯤이었다. 한참을 지나서야 사라졌다." (1669년 9월 10일)

"밤 이경(9시부터 11시 사이)에 연기 같은 흰 구름 한줄기가 동쪽으로 일어나 곧게 서쪽을 가리켰는데, 길이가 하늘 끝까지 이르렀다." (1669

1669년 9월 29일 신덕왕후의 신위가 다시 종묘에 봉안되던 날 신기하게도 정릉에서 종묘까지 시원한 빗줄기가 한나절 내려 사람들이 '세원지우洗怨之雨(한을 풀어버린 시원한 빗줄기)'라 불렀다.

신덕왕후만큼이나 깊은 한을 가진 또 다른 여인이 단종의 어머니 현덕왕후다. 문종에게 유일한 아들을 선사하고 죽은 여인. 자신의 아들의 아들들이 대대손손 임금의 자리를 이어갈 것이라 생각했지만 폭군으로 변한 시동생에게 아들과 친정식구들이 처참하게 죽었다. 여인은 가해자들의 꿈에 생생하게 등장해 온갖 저주를 퍼부었다. 많은 야사에서 그녀는 궁궐 귀신으로 등장한다.

1468년(세조 14년) 5월 27일, 세조가 죽기 세 달 전의 일이다. 환관 백충신이 경복궁 교태전에서 벼락을 맞았다. 사인은 심장마비였다. 세조는 이 벼락 소리에 놀라, 잡힌 죄수들을 모두 풀어주었다.

죽음을 앞둔 세조는 형수의 모습이 자주 출몰하는 경복궁을 흉가로 규정하고 세자에게 명했다.

"이제 누구도 경복궁에 들어가지 말라! 그곳에는 돼지 같은 가축이나 키워라!"

세조에 이어 집권한 예종은 아버지의 명을 받들어 경복궁 후원, 귀신들이 자주 출몰한다는 곳에 가축들을 길렀다. 하지만 중국 사신들도 자주 왕래하는 나라의 정궁에 가축을 기른다는 것은 옳지 않다는 주장이 비등하자, 예종은 1468년 11월 3일 다음과 같은 명을 내린다.

"경복궁 후원에서 기르는 돼지는 모조리 해당 관사에 주어서 기르도록 하라."

한때는 돼지들을 사육했던 궁궐 경복궁. 세조의 뒤를 이은 예종은 그러나 집권 8개월 만에 경복궁으로 이어한다. 하지만 경복궁을 내리누르는 무거운 기운 때문이었을까. 예종 역시 그해(1469년) 11월 28일 경복궁 자미당에서 숨을 거두었다.

정희왕후는 예종이 죽고 손자 성종이 즉위하자 7년 동안 공신, 원로 등과 협의해서 정치를 이끌어 나갔다. 정희왕후는 산 사람들과는 권력을 공유했지만 죽은 현덕왕후에게는 악행을 저질렀다. 살아있는 권력이 죽은 귀신도 마음대로 부릴 수 있을 것이라고 생각해서 그랬을까? 1476년 4월 15일 정희왕후는 현덕왕후와 관련된 교명이나 죽책을 모두 불태우라는 명령을 내린다.

정희왕후 역시 피부병과 몸이 붓는 증세 때문에 온양 온천을 자주 다녔다. 남편 세조의 몸처럼 부스럼이 심했던 여인은 손자에게 정치를 다 맡긴 뒤 좀처럼 궁궐에 머물지 않고 떠돌았다. 손자 성종은 대왕대비를 위해 창경궁을 짓기 시작했지만 정희왕후는 손자가 지어준 궁에서 단 하루도 살지 못했다.

1483년(성종 14년) 3월 30일 온양에서 병을 치료하던 정희왕후가 한양으로 오는 도중 죽었다. 세조가 죽은 뒤 그의 무덤 옆에는 아내 정희

눈 쌓인 경복궁 후원과 북악산

왕후 윤씨의 자리가 이미 마련되어 있었다. 그녀의 빈전을 놓고 논란이 많았다. 처음에 성종은 정희왕후의 빈전을 경복궁의 옛날 동궁 자리로 하라 지시했다. 그런데 우의정 홍응이 온양 행궁에 머물다 병에 걸린 대왕대비의 시신을 경복궁의 동궁 자리로 옮긴다면 불미스러운 일이 일어날 것이라고 반대했다.

그의 뜻을 받아들인 성종은 정희왕후의 시신을 동대문 밖 영순군 이부의 집으로 옮겼다. 나중에 산릉으로 갈 때 광릉으로 가는 길목이라 이곳으로 빈전을 택하는 것이 좋다는 의견이 대세였다. 그러나 사실은 살아생전 경복궁을 무척이나 무섭게 생각했던 정희왕후인지라 저승 가는 길이라도 마음 편하게 가라는 뜻이었다.

약 두 달 동안 빈전에 있던 정희왕후의 시신은 비가 오는 날 남편이 미리 잠든 광릉으로 옮겨졌다. 능으로 가는 길이었다. 퇴계원에 비가 많이 와 마을들이 물에 잠기자 도승지는 임금에게 풍양천을 건너기가 어려워 큰일이라고 급히 보고했다. 병사들이 머리 위로 상여를 높이 들었는데 이상하게도 재궁을 실은 상여가 한결 가벼워 무사히 건널 수 있었다.

광릉에 정희왕후의 시신을 잘 안치한 그 다음 날 산릉도감이었던 이길보가 갑자기 풍에 걸려 하루 만에 숨을 거두었다. 풍을 맞고 하루 만에 죽는 경우도 흔치 않은 일이었다. 정희왕후의 혼전은 경복궁에서도 가장 귀기가 강한 옛날 동궁(세종이 문종을 위해 만든 세자궁)에 모셨다. 이곳은 현덕왕후가 단종을 낳고 숨을 거둔 곳이다. 성종이 현덕왕후가 죽은 장소에 할머니 정희왕후의 빈전을 모신 것은 죽어서도 그 강력한 카리스마로 현덕왕후의 저주를 막아 달라는 마음이 담겨 있는 것이었다. 경복궁의 깊은 곳, 문소전에 생모의 신전을 모셔놓고 어머니 신의왕후가 신덕왕후의 저주를 막아주기를 바라던 태종과 같은 마음이었다.

신덕왕후에 비해 현덕왕후의 복권은 오래 걸리지 않았다. 현덕왕후가 죽은 지 72년, 단종을 죽이고 현덕왕후의 신주가 종묘에서 철거된 지 56년 만인 1513년(중종 8년) 3월 12일이었다. 단종의 아내 여산 송씨의 후손인 우의정 송일이 중심이 됐다. 그리고 두 달 뒤인 1513년

4월 21일, 현덕왕후의 시신이 남편 옆에 묻혔다. 사관은 이날 《실록》에 "종묘 소나무에 벼락이 친 뒤 한을 품은 여인은 원을 풀었다"고 기록하고 있다. 여인은 자신의 생일날 임금의 마음을 움직이기 위해 종묘 소나무에 벼락을 내리고 그 뜻을 이룬 것이다.

안산시 목내동 관우물 유적지에는 비운의 왕비 현덕왕후의 전설적인 이야기가 기록돼 있다.

세조의 명을 받아 인부들이 현덕왕후의 무덤을 파헤치고 도끼로 관을 내리치려 하는데 한동안 관이 움직이지 않다가 도끼를 하늘 높이 올리자 관이 저절로 움직이기 시작했다고 한다. 관이 저 스스로 움직였다는 보고를 들은 세조는 관을 묶어 바다에 버리라고 지시했다.

"영원히 땅에 닿지 않게 바다 멀리 보내라!"

그렇게 바닷물에 휩쓸린 관은 그 다음 날 한강을 통해 양화나루터에 떠있었다. 그때 그곳에서 농사를 짓던 젊은 농부가 그 관을 발견하고 양지바른 곳에 묻어준 것이다. 농부가 그리한 것은 전날 꿈에 나타난 왕비의 부탁 때문이었다.

1513년 3월 초, 중종은 현덕왕후의 묘를 이장하기로 결정한다. 제사를 지내고 묘를 파본 결과 무덤 안에는 관이 없었다. 중종은 왕후의 관을 찾기 위해 56년 전의 일을 기억하는 사람들을 수소문했다. 그런데 바닷가에 떠돌던 왕후의 재궁을 땅에 묻었다고 한 자가 나타났다. 그는 팔십이 넘은 농부였다. 꿈속에서 관의 소재를 관가에 알리라는 왕비의 분부를 듣고 양천현감에게 56년 전 일을 털어 놓은 것이다. 그래서 땅을 파보니 관은 겉이 멀쩡하고 좋은 냄새까지 났다.

"소릉을 천장할 때 수의를 갈아야 된다고 하지만 50년이 지난 일이니 갈기가 또한 어려우리라. 내부 재궁은 온전하다 하니 외부 재궁만 갈라." (1513년 3월 11일)

그렇게 해서 왕후는 문종 곁에 묻혔다. 문종과 현덕왕후의 무덤은 그리 멀지 않은 곳에 있는데, 두 무덤 사이에서 시야를 가리고 있던 소나무 한 그루가 어느 날 갑자기 까닭 없이 말라 죽었다. 사람들은 죽은 영혼이 서로 감응한 결과라고 말했다. 말라 죽은 소나무를 베자 두 능이 막힌 데가 없어 서로 더욱 정답게 바라보는 듯했다.

신덕왕후와 현덕왕후의 신원이 회복된 기간에는 약 156년의 차이가 난다. 연산군을 몰아내고 등극한 중종은 조광조 등을 전면에 내세워 무너진 도덕성을 회복하려 했다. 이 일로 소릉 회복이 전개된 것이다. 단종을 위해 목숨을 바친 사육신을 추승하고 현덕왕후를 복권시키는 일은 유교적 관점에서 보면 불의함을 누르고 충절을 높이는 일이라 쉽게 결정됐다.

그러나 신덕왕후의 복권에는 복잡한 문제가 많았다. 조선 최초의 국모지만 태종의 업적이 부덕한 일을 덮고도 남는다는 점, 오랫동안 잊혀져 있었으며 신덕왕후를 추억할 후손이 없다는 점 때문이었다. 그런데 17세기에 유교의 종법이 국법에 우선한다는 정치적 분위기가 확산되었다. 이런 분위기에 힘입어 효를 중시하는 유교이념에 따라 태종이 계모로 인정하지 않는다는 국법은 폐기되고 태조의 계비이자 조선 최초의 국모라는 점이 높이 평가돼 신덕왕후의 신분이 복원된 것이다.

귀신이 흔하던 시대

15세기와 16세기 조선에서는 임금도 일반 백성들도 귀신에 휘둘렸다. 귀신은 궁궐 문과 회랑, 전각이나 지붕 위에 늘 존재했다. 귀신들은 궁궐 곳곳에 머물면서 장난도 치고 독기도 뿜어냈다.

　　일반 백성들의 집에서도 귀신이나 도깨비들은 사람들과 함께 거주했다. 부엌에는 부지깽이 귀신과 솥단지 귀신이 있었다. 지붕에서 기와를 던지는 귀와鬼瓦도 있었다. 귀신들은 앵두나무나 복숭아나무 혹은 버드나무 위에 있다가 밤에 지나가는 사람들을 놀라게 하기도 했다.

　　귀신은 사람들과 맺은 감정을 풀지 못한 채 돌아가야 할 곳으로 가지 못하고 구천을 떠도는 영혼이다. 그들에게는 자신들의 목소리를 전해줄 사람이 필요했고 그 역할을 한 것이 바로 무당이다. 그 시대에 무당은 꼭 필요한 존재였다. 그러나 17세기 후반 유교이념이 공고해지면서 궁궐의 귀매 이야기나 민가를 떠도는 귀신 이야기는 자취를 감추기 시작했다.

성안에 요귀가 많습니다!

중세 유럽 사람들은 빗자루를 타고 날아다니는 마녀들이 존재한다고 믿고 있었다. 그래서 많은 여자들이 마녀로 몰려 화형을 당했다. 그 비슷한 시기 조선 사람들도 귀신과 도깨비들이 사람이 사는 곳에서 함께 살고 있다고 생각했다. 경복궁을 비롯한 궁궐 곳곳에서는 귀신과 도깨비들이 물건을 가지고 장난을 친다거나 궁녀들의 머리카락을 잘라버리는 일이 종종 발생했다. 궁궐에서 요귀들이 난동을 부리는 것처럼 일반 백성들이 살고 있는 집에도 귀신이나 도깨비들이 흔했다. 조선 초에는 왕이 직접 술사들의 의견을 듣고 국가의 중요한 정책을 결정하곤 했다.

세종 때에는 앞날을 내다보는 능력이 탁월한 맹인 지화池和가 국가에서 행하는 각종 행사와 왕실의 혼인 날짜 등을 잡았다는 기록이 있다. 또한 1402년 7월 9일에는 진주 출신의 직제학 정이오가 비를 마음대로 내릴 수 있는 신통력이 있는 사람을 태종에게 소개했다.

"진양 출신의 문가학은 비가 오지 않고 가뭄이 들어 기우제를 올릴 때 탁월한 신통력으로 세 번이나 비를 내리게 한 적이 있습니다."

그는 임금 앞에서 자신이 기도를 올리면 3일 동안 많은 비가 올 것이라고 호언장담했다. 그리고 정말 그의 기도가 끝나자 많은 비가 내렸다. 그래서 태종은 그를 기우제를 담당하는 서운관에 임명했다.

가뭄으로 인한 재해에 누구보다 많은 스트레스를 받았던 태종에게 문가학의 등장은 요술방망이를 얻은 것처럼 기쁜 일이었을 것이다. 그런데 1404년 4월 15일 《실록》에는 이런 기록이 등장한다.

"문가학을 순금사에 가두었다. 처음에 그가 처자를 진주에 데려다 두고 돌아오겠다고 하여 임금이 이를 허락하였는데 아홉 달이 지났는데도 돌아오지 않았다."

임금의 거듭된 요구에 지친 그가 고향으로 도망간 것이다.

"비가 오지 않는 날이 오랫동안 지속되자 태종은 정사를 보지 않고 칩거하는 날이 많았다. 이때 문가학이 종묘에 기우제를 올리면 비가 올 것이라 하여 임금이 그의 말을 듣고 그대로 따랐는데 비가 오긴 했지만 땅만 약간 적실 따름이었다." (1405년 5월 8일)

1406년 12월 15일 《실록》에는 문가학을 반역의 죄인으로 거열에 처했다고 기록돼 있다. 그의 어린 자식에게도 교형을 내렸으며 그와 반역을 꾀한 죄인 다섯 명에게도 참형을 내렸다. 문가학을 임금으로 추대하고 반란을 일으키려 했다는 것이 그들의 죄목이었다. 문가학 사건은 세종이 집권한 뒤에도 그를 따르는 무리를 참형했다는 기록이 나올 정도로 오랫동안 여운이 남았다.

귀신에게 쫓겨 다니던 부모를 지키기 위해 직접 귀신이 꺼리는 장소 등을 찾아다니기도 했던 세종은 술사를 대동하거나 술수학에 깊이 빠져들기도 했다. 그런 분위기 때문이었을까? 도성 안에는 두박신이 엄청난 인기를 끌며 유행하고 있었다. 1436년 5월 10일 세종은 도성에 유행하는 두박신에 대해 엄금을 지시하고 그런 허무맹랑한 미신을 퍼트린 자를 잡아오라 명했다.

두박신은 신흥종교였다. 억울하게 죽은 장수나 유명한 인물의 이름을 장대 끝에 매달고 "두박신!"이라고 외치면서 동네를 돌아다니면 잡귀를 물리치고 재앙을 미리 막을 수 있다는 소문이 돌아 도성에서 선풍적인 인기를 끌었다. 그것을 처음 만든 강유두와 박두언 등이 잡혀왔다. 그날 세종은 도성 안에서 무당으로 이름을 날리는 자들을 모두 잡아들이게 했다. 두박신 파동은 무당들이 도성에서 내쫓기는 결과를 가져왔다.

두박신 파동이 있고 3일 뒤 홍천사 사리탑에 하얀 연기가 피어올랐는데 연기가 나는 곳이 세 군데나 되었다. 연기는 약 2척 가량이었으며 사람들은 이것이 부처의 신령한 기운이라 말하며 몰려들었다. 그리고 얼마 뒤인 6월 10일에는 홍천사의 사리탑이 갑자기 기울어져 다시 민심이 술렁거렸다. 이 절은 1429년 2월 5일 갑자기 기울어져 세종이 수리를 지시한 적이 있는데 또 이런 일이 발생한 것이다. 그런데 목수들은 기울어진 사리탑을 보수해도 다시 기울어질 것이라고 말했다.

세조 시절에는 원각사 석탑에서 이상한 일들이 자주 발생했다.

"이달 13일에 원각사 위에 누런 구름이 둘러쌌고, 하늘에서 꽃비가 내려 향기가 공중에 가득 찼습니다. 또한 상서로운 기운이 회암사에서

부터 경도사까지 잇달아 뻗쳤는데, 절을 공사하던 사람과 도성 사람들 중 이 광경을 보지 않은 자가 없습니다." (1464년 6월 19일)

"원각사에 이상한 향기와 상서로운 기운이 있어 백관들이 임금에게 하례하였다." (1464년 12월 23일)

1465년(세조 11년) 1월 16일 무게가 5만 근이나 되는 큰 종鐘이 원각사에 걸렸는데, 이 종이 바로 오늘날 제야의 종으로 유명한 보신각종이다. 원래 정릉에 있던 흥천사종을 원각사로 옮기면서 더 웅장한 소리를 내기 위해 여러 지방에서 동철을 거두었다. 광해군 때 종각을 복구하면서 이 종을 종각으로 옮겨왔으며, 1895년(고종 32년)에 종각에 보신각이란 현액이 걸린 이후 종도 보신각종이라 부르게 되었다. 세조는 종소리를 좋아해 임금이 행차할 때 반드시 종을 37번 울리게 했다. 세조는 종소리를 들으며 마음에 위안을 얻었다.

한편 1486년(성종 17년) 11월 10일 《실록》의 기록을 보면 귀신들이 15세기에 얼마나 활발하게 활동했는지 알 수 있어 흥미롭다.

"특진관(경연에서 임금과 고문古文을 놓고 대화를 하던 사람) 예조판서 유지가 '요즘 성안에 요귀가 많다고 합니다. 영의정 정창손의 집에는 귀신들이 있어 집 안 물건을 옮기고, 호조좌랑 이두의 집에는 여귀가 살고 있는데 매우 요사스럽다고 합니다. 그래서 나라에서 큰 제사를 지내는 것이 어떨까 생각됩니다'라고 하자, 임금이 좌우에 물었다.

홍응이 나서서 대답하길, '예전에 유문충의 집에서 쥐가 나와 절을 하는 일도 있었고 그래서 그가 쌀을 퍼주라 하니 다음에는 부엉이가 집에 들어왔다고 합니다. 귀신을 보아도 괴이하게 여기지 아니하면 저절로 재앙이 없을 것입니다. 저도 정창손의 집 귀신 이야기를 들었는데 사람들이 그에게 피하기를 청하였으나 정창손은 살 만큼 살았으니 귀신이 무서울 게 있느냐고 하여 그 뒤로는 귀신이 나타나지 않았다고 들었습니다.'

임금이 말하기를 '부엉이는 세상에서 싫어하는 것이나 항상 궁중의 나무에서 우니, 무엇이 족히 괴이한가? 물괴物怪는 오래되면 저절로 없어진다' 하였다."

임금과 신하들이 돌아가면서 자신들이 겪은 귀신 이야기를 하고 있는 풍경이다. '물괴'란 물건에 귀신이 붙는다는 말이다. 물건이 스스로 움직이며 아무도 없는 곳에서 궁궐 문이 열리고 닫히는 일이 자주 발생한 것을 두고 성종이 물괴라 일컫은 것이다. 신하들이 임금에게 그들을 물리치기 위해 화포를 쏠 것을 청하자 성종은 그렇게 한다고 해서 그들이 사라지지는 않는다며 그저 바라볼 뿐이라고 답한다. 역시 임금의 담대한 성격이 엿보이는 대화다.

한편 이날 임금과 정창손의 대화 내용이 흥미를 끈다. 여러 사람들이 정창손의 집에 있는 귀신을 언급하자 임금이 물었다.

"정말 귀신과 함께 사는가?"

정창손은 빙그레 웃으며 대답했다.

"전하! 저야 이미 늙었으니 비록 죽을지라도 귀신을 무서워 피하겠습니까?"

그러자 임금이 다시 물었다.

"그럼 귀신과 장난도 치는가?"

"요망한 것들과 장난이야 치겠습니까? 그저 저들이 나쁜 귀신으로 변하지 못하도록 단단히 혼을 내지요."

"귀신을 혼낸다? 역시 영의정의 담력은 남다르군! 내 영상의 집에서 귀신을 보고 싶다. 하긴 얼마 전 내 침실 앞에 부엉이가 앉아서 마치 아이처럼 우는데, 내시들이 쫓으려 하는 것을 말리고 가만히 쳐다보았지. 내 얼굴을 빤히 보며 무엇이 궁금한지 고개를 갸웃거리는 것을 보니 그동안 흉하게 여겼던 마음이 사라지고 오히려 귀엽게 생각될 정도였네. 역시 세상의 귀신들이란 사람 마음에 있는 것 아닌가? 마음이 약해지면 그곳에 귀신들이 거주하는 것 아닌가?"

비슷한 시기에 권별이 쓴 조선 최초의 인물사전인 《해동잡록海東雜錄》에 보면 이와 연관된 이야기들이 실려 있다.

정창손이 죽기 한 해 전, 그러니까 《실록》에 언급된 그 무렵이다. 어느 날 갑자기 어디선가 돌이 날아와 사람들이 이상하게 생각했다. 정창손은 자기가 늙었지만 요괴의 장난을 그대로 방관할 수 없다고 분개하며 지붕 위로 올라갔다. 그리고 꼭대기에 있던 귀와(기와 귀신)를 불살라버리자 요괴도 자취를 감추었다. 정창손은 오랫동안 영의정으로 있으면서 불교나 미신을 타파하는 일에 누구보다 적극적으로 앞장선 사람이었다.

1486년(성종 17년) 11월 19일은 성종이 좋아하는 '경신일'이다. 여러 책들을 간행했던 성종은 노는 일에도 열심이었다. 특히 귀신놀이를 즐길 수 있었던 이날 한창 여흥이 무르익고 있는데 갑자기 천둥번개가 치면서 창경궁 명정전 주위가 어두워졌다. 놀란 궁녀들의 비명소리가 들렸다.

"무슨 소리냐?"

임금이 놀라 내시에게 물었다. 그러자 내시는 웃으며 말했다.

"귀신들도 오늘은 각별한 날이라 사람들 눈에 나타나 놀고 싶답니다. 저들도 오늘이 명절인지 알고 있어 그런 겁니다."

"정말 귀신이냐? 아니면 내시부에서 놀이를 더 흥겹게 하기 위해 가짜 귀신을 만든 것이냐?"

"아닙니다. 정말 귀신입니다."

검은 옷을 입고 얼굴에 하얀 분칠을 한 내시의 모습이 정말 귀신 같았다.

성종은 6일 뒤인 1486년 11월 25일, 승정원에 명하여 호조좌랑 이두의 집에 여귀가 있는지 확인하라 지시한다. 성종은 호기심이 생기면 그 끝을 봐야 하는 성격이었다. 성종은 귀신이나 요귀의 존재를 자기 눈으로 확인하고 싶었다. 그러자 이두가 임금에서 말했다.

"지난 9월부터 집에 여자 귀신이 살았습니다. 조용한 가운데 불쑥 나타나기도 하고 다가가면 홀연 자취를 감추기도 하며 창문 종이를 찢기도 하고 불빛을 내기도 하며 기와나 돌을 던지기도 했는데, 사람이 부딪혀도 다치는 일은 없습니다. 여귀를 본 종들의 말을 종합하면 얼굴은 보통 사람과 다름이 없고, 비록 허리 밑은 잘 보이지 않지만 여자 복장을 하고 있고, 흰 치마가 남루하다고 합니다.

신의 눈으로 직접 보진 못하였고, 단지 밤에 두 번 사람을 부르는 소리를 들었을 뿐입니다. 그래서 신의 처자를 이끌고 다른 방으로 피해 있었더니, 얼마 안 있어 또 따라와서 때 없이 나타났다 사라졌다 하기를 반복했습니다. 신이 생각하기를 피하는 것은 소용이 없다고 여기고 집으로 돌아왔는데 그러자 여귀도 없어졌습니다."

임금은 귀신의 존재를 확인하기 위해 이두의 진술을 근거로 그의 집을 조사하게 했다. 포도청 포졸들이 이두의 집 주변에서 며칠을 잠복했지만 귀신의 존재를 확인하지는 못했다.

그 무렵에는 충청도 보은의 김영산이라는 무당이 유명했다. 1490년(성종 21년) 9월 5일 김영산이 한양 도성을 들썩이게 하는 귀신들을 추방하기로 공언하고 도성 성문 앞에 당도했는데 그를 따르는 아녀자들이 수백 명이나 됐다. 병조판서 이극돈은 성종에게 글을 올려 이들을 통과시켜야 할지 말아야 할지 물었다. 성종이 이극돈에게 물었다.

"그가 하는 말이 무엇이냐?"

이극돈은 이렇게 대답했다.

"공중에 있는 귀신이 이자의 말을 들으면 사람들 앞에 모습을 보인다고 합니다."

"정말이냐?"

"보은 지방에서는 이자가 귀신을 부르는 것을 직접 목격한 자들이 많다고 합니다. 그래서 용하다 하여 아녀자들이 집을 버리고 이자의 뒤를 따르고 있는 것입니다."

성종은 그가 도성에 나타나 민심을 현혹시킬 우려가 있으니 출입을 금하라고 지시한다.

무당 김영산의 이름이 《실록》에 처음 등장한 것은 1471년(성종 2년)이다. 세조가 잠들어 있던 광릉이 갑자기 무너져 임금은 전국 각지의 유명한 무당들을 불러 능 주변에서 푸닥거리를 하게 했다. 그때 김영산은 강신을 청해 세조의 소리를 들려주기도 했다. 세조가 무엇이라 했는지 기록은 없다.

김영산이란 무당의 이야기는 연산군 시절에도 등장한다.

"보은에 사는 남자 무당 김영산이 스스로 '귀신이 내 몸에 붙어 있어, 그릇에 가득히 채워둔 물도 절로 마르게 한다' 하여 임금이 그자를 불러 시험해보라 하였다. 임금이 그를 불러 물을 떠다놓고 마르게 하라 지시했으나 물이 마르지 않고 그대로 있어 의금부에 가두게 했다."(1505년 11월 1일)

귀신들린 임금

조선의 왕 가운데 연산군은 폭군이라고만 단정하기에는 뭔가 이상한 임금이었다. 그가 영매靈媒와 비슷한 행동을 하는 것이 즉위 초에 언뜻 보인다.

아버지 성종이 죽은 뒤 시신을 닦는 절차가 있었다. 아직까지 즉위식을 올리지 않은 세자는 시신을 다 닦기도 전에 빈전인 창덕궁 인정전에서 나와버렸다. 그리고 갑자기 마당에서 헛구역질을 했다. 놀란대신들이 나와 간곡히 청하여 다시 들어갔다. 세자가 그런 무례를 범한 것은 갑자기 두려움이 엄습했기 때문이다. 영이나 기가 빠져나가는순간 예민한 사람들은 그것을 느낀다고 한다. 연산이 그랬다. 연산은그때 놀란 것 때문인지 자주 소변이 마려워 약을 조제해서 먹기도 했다. 예민한 사람이 과도한 스트레스를 받으면 생기는 병일 수 있다.

성종 이후 경복궁은 버려진 궁궐이었다. 성종은 집권 내내 창덕궁에서 정사를 보다 창덕궁 대조전에서 숨을 거두었다. 성종의 빈전은창덕궁 인정전에 모셨다. 연산군은 두 달 동안 그 근처에 여막을 설치하고 장례 기간을 슬픔으로 보냈다. 몹시 추운 겨울이라 어린 임금의건강이 나빠졌다. 신하들은 여막 생활이 좋지 않으니 궁으로 옮길 것을 청했다. 그래서 창덕궁 동궁으로 거처를 옮겼는데, 연산은 자주 흉흉한 꿈을 꾸면서 안정을 찾지 못하고 있었다. 야사에서는 이때 연산

창덕궁 인정전

군의 꿈에 죽은 폐비가 피를 흘리며 나타났다고 한다.

1495년 3월 15일 성종을 능에 안치했다. 다음 날 연산은 '폐비 윤씨'의 일을 거론했다. 아버지의 묘지문을 읽던 중 폐비의 일이 언급되었던 것이다.

"윤기무가 누군가?"

"폐비 윤씨의 아버지입니다."

임금은 그날 두문불출 아무 일도 하지 않았다. 1년 뒤 다시 폐비의 일이 거론된다. 1496년 3월 13일 임금은 폐비의 묘가 어딘지 물었다. 폐비의 무덤은 오늘날 동대문구 회기동에 있었다. 윤씨의 무덤인 회릉이 있다 하여 그 동네의 이름을 회기동이라 한 것이다. 무덤을 발견한 연산은 솟구치는 분노를 억제할 수 없었다.

"묘가 허물어지고 구멍이 뚫려 여우와 살쾡이들이 시신을 먹어치웠을 것 같구나. 도대체 이리 무심할 수 있는가?"

대궐에 서서히 피바람이 불어오고 있었다. 임금은 갑자기 여우 사냥에 나섰다. 임금이 여우 사냥에 집착한 것은 생모의 묘를 천장할 때 관을 열고 보니 시신이 상당 부분 훼손됐기 때문이었다. 임금은 여우들이 시신을 손상시켰다고 단정했다. 그래서 창덕궁 후원에 자주 출몰하는 여우를 사냥하다 그 일에 빠져들어 아예 여우들을 잡아다가 궁궐 후원에 풀어놓고 사냥을 즐겼다.

"여우를 창덕궁 후원에 풀어놓아 사람들이 밤에 무서워 돌아다니지를 못합니다." (1497년 3월 1일)

"굿을 하려 하는데 사복시에서 여우를 진상하지 않자 국문하라 명하였다." (1499년 12월 3일)

"임금은 재앙을 물리친다는 이유로 산 여우 10여 마리를 잡아 궁궐에 풀어주게 했다." (1501년 2월 11일)

아버지 성종도 여우 사냥을 좋아했다. 연산은 아버지의 화살에 나뒹굴던 여우의 그 고통스런 비명 소리가 듣고 싶었다. 연산은 창덕궁 후원은 사냥터로 좁다 생각했다.

"창덕궁과 경복궁 사이의 민가를 헐어버려라!"

1503년 11월 연산군은 경복궁이 내려다보이는 민가들을 모두 철거하게 하고 궁궐 담을 높이 쌓았다. 궁궐은 사람들과 격리된 공간이 되어버렸다.

임금은 어린 시절부터 부왕에게 크게 꾸중을 듣고 자랐다. 또한 집권 초기에는 선왕의 업적을 이야기하는 중신들에게 위축되곤 했다. 아무리 열심히 해도 앞선 부왕의 업적을 넘어서기란 애초 불가능한 일이었다. 연산은 왕실이나 사대부들에게 뭔가 항상 부족한 듯 보이는 임금이었다.

1503년 12월 24일 임금은 역귀 쫓는 사람들이 입을 붉은 건과 붉은 옷을 고쳐 만들어놓지 않았으니 관리들을 국문하라고 지시했다. 임금 주변으로 무당들이 빈번히 출입하면서 임금은 반반한 무녀들을 취했다. 어머니의 정을 받지 못한 임금은 점점 어린아이 같은 모습으로 변했다. 여인의 젖가슴에 얼굴을 묻고 임금은 명을 내린다.

"젖을 가진 여인들은 모두 나의 여자다."

어른으로 성장하지 못한 어린이의 마음이 임금에게 있었다.

연산군은 경복궁을 유곽으로 만들었으며 동쪽의 건춘문과 서쪽의 영추문을 폐쇄하여 특별한 신분이 아니면 경복궁 안을 들여다볼 수 없게 했다. 또한 성종의 계비인 대비 정현왕후를 경복궁 동궁에 기거하게 했으며 경회루 연못에는 삼신산三神山을 상징하여 가운데에는 만세산萬歲山, 왼쪽에는 영충산迎忠山, 오른쪽에는 진사산鎭邪山을 만들었다. 그리고 여러 인물 모양의 장식을 하고 못 가운데에는 비단으로 만든

182

꽃을 줄줄이 심어 그 화려함이 대단했다. 경회루 산 왼쪽에는 득의양양한 선비들의 모습을, 오른쪽에는 귀양 간 죄인들의 근심 어린 모습을 실제 사람처럼 만들었다.

그리고 연산은 가면극 같은 공연을 즐겼다. 가면극의 내용이 어떤 것인지 알려진 바는 없지만 아마도 위선으로 가득 찬 정치인들을 풍자하거나 삶의 공허함을 표현한 공연은 아니었을까? 이처럼 연산은 역대 어느 임금도 행하지 않은 이상한 행동들을 자주했다.

연산은 이런 파격적인 행동뿐 아니라 시와 노래 그리고 피리 솜씨가 뛰어나 탁월한 예술가적 경지를 보여주었다. 하지만 그의 행동은 모두가 광기였다. 그의 노래와 시는 살인의 광기에서 흘러나온 것이었다.

"용안육龍眼肉을 들여라!"

폐위되던 해인 1506년 연산군은 불면증과 두통에 시달렸다.

연산군은 점점 미쳐가고 있었다. 아버지의 첩들을 몽둥이로 죽였는데 그 방법이 너무 잔인했다. 자식이 어미를 죽이게끔 자루로 가린 다음, 첩들의 자식들을 한밤중에 불러 때리게 하기도 했다. 죽은 뒤 피가 흥건한 자루를 풀어본 자식들은 기절했다. 참으로 극악무도한 임금이었다. 그리고 임금은 한밤 달빛 아래에서 궁궐에 있는 이상한 새들을 모두 잡아오게 했다.

"왕이 풍두무豐頭舞를 좋아해 궁궐에서 가면을 쓰고 희롱하고 춤췄다. 사랑하는 계집 가운데 사내 무당놀이를 잘하는 자가 있었는데 총애하는 흥청 등을 데리고 야외에서 놀이를 즐겼다. 왕에게 죽은 자의 혼령이 들었는지 그가 하던 말을 하고 그의 행적을 이야기하다 슬퍼서 울면 흥청들도 모두가 슬퍼하며 통곡하고서 파하였다." (1506년 1월 2일)

이런 기록을 보면 연산은 분명 죽은 자의 영혼이 들어온 빙의(귀신 들림) 환자였을 가능성이 높다.

연산은 초저녁에도 사람들이 거리를 다니지 못하게 했다. 그리고 운종가(종로 네거리)의 민가를 모두 철거했다.

1506년 봄, 궐내에 영산홍이 피자 임금은 수심이 깊은 표정을 짓더니 그 꽃을 죽이지 말라고 지시했다. 또한 그늘에서 잘 자라는 꽃이니 그늘을 만들어주라고 말하기도 했다. 하지만 그해 봄은 유난히 추워 궁궐 꽃나무들에 꽃이 피지 않았다. 영산홍이 죽자 관리를 맡은 사람이 국문을 받았다.

1506년 여름, 연산이 명했다.

"소똥으로 만든 약을 들이도록 하라! 그 약으로 귀신을 물리쳐라! 귀신은 똥을 무서워한다. 귀신은 소리와 냄새를 무서워한다. 향을 피우는 이유는 무엇인가? 귀신이 그 냄새를 좋아하기 때문이다. 향냄새에는 묘한 기운이 있다. 그것을 귀신들은 좋아한다. 묘한 것은 무엇이냐? 깊은 것이고 은은한 것이다. 귀신들이 냄새를 무서워한다고 생각한 것에는 그럴 만한 이유가 있다. 비린 것과 더러운 것을 귀신들은 꺼린다. 귀신이 출입을 못하게 하려면 문가에 똥을 발라라! 귀신들이 물러나는 소리가 들리지 않는가."

연산군은 유난히 전염병에 걸릴까 두려워했다. 그래서 행차하기 전에는 우선 소똥을 뿌리게 했다.

1506년 8월 15일 한가윗날 연산은 아주 슬픈 표정을 짓고 있었다. 어머니 폐비 윤씨가 사약을 받은 날은 1482년 8월 16일이다. 해마다 한가윗날이 되면 연산은 더욱 기이한 행동을 했다.

사약을 받은 폐비 윤씨가 밤하늘을 바라보며 한을 품고 죽을 때, 성종은 창덕궁 인정전 앞에서 늦은 밤까지 음주와 풍류를 즐겼다. 연산이 광기 가득한 임금이 된 것은 유교의 엄숙함 속에 감춰진 아버지의 폭력이 혐오스럽게 느껴졌기 때문이다. 아버지에 대한 반발심이 연산을 그렇게 만든 것이다. 하지만 그를 들뜨게 한 광기가 사라진 뒤 갑자기 우울해진 연산은 휘영청 밝은 달을 보며 이런 시를 읊었다. 자신의 마지막을 예상한 글이었다.

동산에 옮겨 심은 복숭아나무 만나지 못한 것이 얼마인가?
남몰래 고운 얼굴 아끼며 부질없이 정 보낸다.
이 몸 죽어 예쁜 나비 되고자 하지만
아마도 구중궁궐로 돌아올 수 없을 것이다.

붉은 기운으로 나타나는 연산 귀신

연산은 자신의 앞날을 예상했을까? 1506년 8월 23일 폐위되기 9일 전 그는 쓸쓸한 시를 남겼다.

인생은 아침 이슬과 같아서　　人生如草露

만날 때가 많지 않은 것　　　會合不多時

이 시를 듣고 장녹수가 아주 슬프게 울었다. 연산은 장녹수의 등을 어루만지며 말했다.

"너도 안쓰럽구나! 내가 죽으면 너도 죽을 것이니."

연산은 반정이 일어날 것을 예상하기라도 한 듯 처연한 눈빛으로 그녀를 바라보았다.

1506년 9월 2일 반정이 일어났다. 연산이 예상한 것처럼 장녹수는 그날 죽었으며 연산은 분홍 옷을 입고 가마에 올라타 교동(강화도)으로 떠났다. 그리고 그의 아들들은 죽이지 않고 먼 곳으로 위리안치시키기로 했다.

반정 세력들에게는 우선 반정으로 등극한 임금의 인준을 받는 일이 중요했다. 인준 확인을 받기 위해 명나라로 떠나는 사신들에게는 몇 가지 지침이 하달됐다.

"전왕의 소재를 명나라에서 묻거든 별궁에 있다고 말하라. 그리고 어릴 때부터 풍증이 심해 두통과 가슴 답답함을 앓고 있으며 세자가 죽은 뒤 애통과 상심함이 정도를 지나쳐서 증세가 다시 도져 방 안에 있으면서도 문도 열지 않고 서성거린다고 답하라. 또한 세자의 사망이유를 묻는다면 창진(두드러기와 종기 증상)이라 답하라. 전왕의 아들이 몇이냐고 묻는다면 딸 하나만 살아있는데 나이가 어리다고 답하라."

아직 죽지도 않은 세자를 죽었다고 하고 다른 아들이 없다고 한 것은 명백한 거짓이다. 그리고 연산군의 병도 상당히 과장되어 있다. 반정 세력들은 명나라에 연산의 폭정을 알리기보다는 병 때문에 군주의 일을 수행할 수 없으니 이복동생에게 대업을 잇게 할 수밖에 없다고 보고한 것이다. 그리고 연산군의 네 아들은 서둘러 유배를 보냈다.

유배를 떠나는 날, 중종은 조카들의 옷매무새를 일일이 챙겨주었다. 그리고 혼란스러운 날이 끝나면 다시 한양으로 부를 것이라 말하며 교자에 오르는 그들을 하나씩 품에 안았다. 그런데 불과 하루 만에 그들이 사약을 마시고 죽었다는 보고를 받는다.

"폐세자 이황(10세), 창녕대군 이성(9세), 양평군 이인(4세), 이돈수(1세)를 아울러 사사賜死하였다." (1506년 9월 24일)

임금의 승인을 받지 않고 공신들이 스스로 한 일이었다. 명나라에서 사실을 확인하기 위해 사신을 보낼지도 모른다고 생각해 이런 무리한 일을 저지른 것이다. 중종은 며칠 동안 어린 조카들이 눈에 어른거려 잠을 잘 수 없었다.

연산은 강화로 유배를 떠난 지 두 달 만인 1506년 11월 6일에 죽었다.

"쫓겨난 연산이 갑자기 역질에 걸려 몹시 고통스러워 물도 마시지 못하고 눈도 뜨지 못하고 있습니다." (1506년 11월 7일)

이상하게도《실록》에는 연산이 죽은 다음 날 이런 글이 기록되어 있다. 소식을 들은 임금은 급히 의원을 보내라 명했지만 연산은 어의가 당도하기 전에 죽었다고《실록》은 적고 있다. 왜 연산이 죽은 하루 뒤, 연산이 위독하다는 보고가《실록》에 실렸을까? 연산이 독살되었을 것이라는 추측이 제기되는 대목이다. 독살이나 살해당한 것을 위장하기 위한 기록일 가능성이 높다.

연산이 죽은 뒤 밤하늘이 자주 붉어졌다. 연산은 아버지 성종처럼 불꽃놀이를 자주 즐겼다. 특히 한 해를 마감하는 12월 30일에는 화려하게 치장한 무대를 만들어 나례(가면극)를 공연하고 밤새 불꽃놀이를 즐겼다.

1506년 12월 30일, 겨울인데 날씨는 따뜻했다. 중종은 그날 한 해를 보내는 모든 행사를 취소했고 한양 주변은 적막에 싸여 있었다.

"금년 연말에 불놀이[火戱]와 산디[山臺]놀이를 하지 말게 하라."

그런데 신기한 일이 벌어졌다. 캄캄한 밤에 대낮처럼 밝은 기운이 독서당 주변을 맴돌았다. 이 이야기는 1507년 1월 12일《실록》에 언급

188

돼 있다.

"임금이 '지난 밤 독서당 주변에 붉은 기운이 심했다는데 사실인가?'라고 묻자 승정원에서 '그렇습니다. 그런데 지난 밤뿐 아니라 그믐날에도 이런 일이 있었습니다. 그날은 자못 심해 독서당 주변 지역에 산불까지 났다고 합니다'라고 답했다."

화려한 불꽃놀이를 즐겼던 연산이 귀신이 되어 도성에 출몰한다는 흉흉한 소문이 돌던 시기다. 1509년 11월 6일, 연산이 죽은 지 꼭 3년 되는 날 《실록》에는 또 붉은 기운이 나타났다고 기록돼 있다.

"삼경에서 오경에 이르는 동안 북방에 붉은 기운이 있었다."

당시 사람들은 하늘의 이상한 기운을 폐주 연산의 저주라 불렀다.

중종 집권 초반, 민심이 어수선하고 폐주 연산이 귀신이 되어 돌아다닌다는 말을 들은 임금은 종종 공신들의 단합대회인 회맹제를 거행했다. 달도 없는 캄캄한 밤, 공신들과 임금이 경복궁 근정전에 모여 줄지어 후원 깊숙한 곳까지 걸어간다. 그날의 분위기를 《실록》에서 읽을 수 있다.

1507년(중종 2년) 9월 25일, 임금은 신하들과 함께 경복궁 북문 신무문 밖(지금의 청와대 자리) 북단北壇 자리에서 회맹제를 거행했다. 자정이 넘은 시각이었다. 단 위로는 그날 쓰일 소와 양 그리고 돼지가 목을 축 늘어뜨리고 누워있었고, 그 옆으로 동물의 피를 담을 대접들이 놓여 있었다. 왕골이 깔리고 신위를 초로 불사르며 의식이 시작됐다. 의

연산군과 그의 아내 신씨의 무덤

식을 위해 도살을 진행하는 재인들이 나타나 누워있는 동물들의 목을
칼로 베었다. 죽은 지 얼마 안 된 동물들의 목에서 쏟아지는 피를 대접
위에 받았다. 의식을 진행하는 찬례가 큰 소리로 "전하! 피를 드소서!"
라고 외치자 임금이 큰 대접을 들었다. 그리고 입에 피를 들이부었다.

　임금의 목을 타고 들어가는 소리가 유난히 크게 들렸다. 임금은 한
모금만 마시면 되는 핏물을 네 모금이나 마셨다. 놀란 신하들이 서둘
러 임금이 남긴 대접을 들고 마셨다. 임금과 신하가 삽혈歃血로 서로
변치 않을 것을 맹세한 것이다. 이날 새벽 세 시까지 회맹을 거행한 사
람들은 유난히 술을 많이 마셨다. 우선 임금부터 몸을 가누기 힘들 만
큼 술을 마셨다.

190

연산군묘 앞 은행나무

회맹제 전날은 연산의 네 아들이 죽은 지 꼭 1년이 되는 날이어서 임금은 잠을 설쳤다. 악몽을 꾼 뒤라 그런지 눈에 핏발이 선 임금은 그 날 회맹을 마친 뒤 피를 닦지 않고 거푸 술잔을 들이켰다. 첫 잔은 폐 세자 이황을 위해, 두 번째 잔은 둘째 창녕대군을 위해, 세 번째 잔은 양평군 이인을 위해 그리고 네 번째 잔은 막내 이돈수를 위해 마셨다. 모두 열 살 미만의 조카들이었다. 그들이 떠나던 날의 마지막 눈빛이 눈앞에 아른거렸다.

강화도에서 죽은 뒤, 연산의 아내인 폐비 신씨의 요청으로 연산군의 무덤을 지금의 방학동으로 옮겼다. 그러나 그의 무덤을 돌봐주는 사람이 없어 폐허로 변하였다. 이것을 안쓰럽게 생각한 중종은 이런 말로 자신의 심정을 토로했다.

"범인凡人의 예와 같이 묘의 이름도 없고 묘를 지키는 사람도 적어 매우 미안하다." (1512년 11월 24일)

아무리 폭군이라도 여우나 살쾡이들이 파헤치는 무덤을 그냥 볼 수 없었던 중종은 이런 말로 연산군 무덤의 복원을 희망했다. 그러나 임금의 뜻은 반영되지 않았다.

한편 방학동에는 연산이 묻힌 뒤 무덤 은행나무 주변에 '임금 귀신'이 나타난다는 이야기가 전해 내려오기도 했다. 이런 소문은 살이 더 보태져, 비 내리는 어둑한 저녁 임금이 면류관을 쓰고 피리를 불며 몇 명의 궁녀들을 대동하고 자신의 무덤 주변을 돌아다닌다고 전해졌다.

밤마다 우는 가마

중종은 심약한 군주였다. 〈중종실록〉에는 중종의 여린 마음이 그대로 드러난다. 귀신 소동에 유난히 휘둘림을 많이 당한 군주였던 중종은 궁궐 곳곳에 부적을 붙여놓길 좋아했다. 반정을 통해 정권을 차지한 임금은 공신들과 회맹 의식을 하더라도 불안했다. 그리고 1512년까지 유난히 낮에 태백성이 자주 출현했다. 《사기》에는 낮에 태백성이 출현하는 것은 혁명의 기운이 강해서 생기는 하늘의 조화라고 기록되어 있다. 이것을 알고 있던 공신들은 불안했다. 1510년(중종 5년) 4월 17일, 중종을 임금으로 앉히는 데 큰 공헌을 한 박원종이 죽었다. 박원종은 임금보다 더 막강한 권력을 누리며 살았다. 1513년(중종 8년) 7월 13일에 성희안이 죽으면서 반정공신들의 세도가 수그러들었다. 그러나 여전히 임금은 공신들에게 눌려 지냈다.

1514년(중종 9년) 10월 5일 늦은 밤 경복궁 안에서 몰래 가마 한 대가 광화문을 나와 서소문 방향으로 가고 있었다. 가마 안에서 여인의 신음소리가 들렸다. 여인은 출산을 하고 있던 숙의 나씨였다. 그런데 무슨 이유로 왕자를 낳던 여인이 대궐을 나가고 있었을까? 이유는 이렇다. 궁궐에서 같은 날 두 명의 왕손이 태어나면 왕실에 재앙이 생긴다는 좋지 않은 속설이 있었다. 그런데 그날 밤 숙의 나씨뿐 아니라 소의 박씨(나중에 경빈 박씨로 불림)도 아이를 낳고 있었던 것이다. 연산군 시절 궁녀로 들어온 박씨는 반정공신 가운데 최고 권력자인 박원종의 양녀였다. 그런 반면 배경이 없는 숙의 나씨는 왕자를 잉태했지만 어의들의 무관심 속에서 아이를 낳다가 그만 정신을 잃고 혼수상태에 빠진 뒤 숨을 거둔 것이다.

그런데 그 다음 날 대궐에 여인이 타고 간 가마에서 아이 울음소리와 여인의 신음소리가 들렸다는 소문이 돌았다. 여인이 죽은 뒤 아이의 숨이 끊어진 줄 알았는데 다시 생기가 돌고 있었다는 말도 돌았다. 그날 사관의 평은 이렇다.

"처음에 나씨가 난산으로 위급해 밖에 나가도록 명했다. 나씨가 나가서 해산하였는데 아이는 생기가 있다가 조금 뒤에 숨이 끊어지니 그때 사람들이 슬퍼하고 상심하지 않은 이가 없었다. 처음에 내보내지 않았다면 모자가 모두 목숨을 보존할 수 있었는데 궁중에서 전해지는 사설邪說이나 미신 때문에 이런 일이 발생한 것이다."

임금은 숙의 나씨의 친정에 재궁을 내려 후하게 장사 지낼 것을 지시했다. 다음 날 공신들이 임금에게 볼멘소리를 했다.

"그날 두 여인이 동시에 아이를 낳는다고 하자 어의들이 모두 궁밖으로 산청을 옮긴 것입니다. 소의 박씨 역시 친정에서 옹주를 해산했습니다. 어의들이 고의로 숙의 나씨를 위험에 빠트린 것도 아닌데 국가 재물을 함부로 쓰는 것은 옳지 못합니다."

임금은 화가 나서 큰소리로 말했다.

"임금이 나라 물건을 마음대로 할 수 없다는 것인가? 이 나라가 공신들의 나라인가? 지금 가난한 살림에 숙의 나씨의 관도 마련하지 못해 전전긍긍하고 있다는 소리를 듣고 내가 관 하나를 마련하라 지시했는데 그대들은 그것도 마음에 들지 않는 것인가? 임금의 아이를 낳다가 죽은 여인이 아닌가?"

괴산군수 나숙담의 딸로 1489년에 태어난 나씨. 어려서부터 성품이 온화했으며 얼굴도 고와 주변 사람들에게 좋은 인상을 준 여인이다. 하지만 숙의 나씨는 반정공신들의 세력을 뒤에 두고 있던 소의 박씨의 출산과 겹치는 바람에 희생되고 말았다. 사관은 "어의의 일부가 박씨에게 아부하였다"고《실록》말미에 적고 있다. 문제는 그날 밤 이미 가마 속에서 아이가 태어나 울고 있었고 숙의 나씨 역시 살아있었다는 것이다. 보호받아야 할 산모와 아이를 가마에 태워 보내라고 지시한 자를 처벌해야 마땅하지만 공신들의 눈치를 살펴야 하는 임금인지라 사건을 확대하지 않고 얼버무리고 말았다.

공신들 때문에 임금이 된 중종. 그래서 나씨의 죽음에 대해 시원하게 밝힌 것 없이 그냥 어물어물 넘어가고 있던 그 무렵《실록》에는 궁궐에서 귀신 소동이 있었음을 의미하는 기록이 등장한다.

"숙의 나씨가 타고 나갔던 가마에서 밤마다 여인과 어린아이의 울음소리가 나 궁인들을 놀라게 한답니다."

임금은 승정원에 명했다.

"숙의 나씨가 피접 나갈 때 타고 간 교자轎子는 후일에 다시 사용할까 두려우니 불태워 없애는 것이 좋겠다." (1514년 10월 15일)

중종의 후계자 인종이 숙의 나씨가 죽기 전까지 태어나지 않았기 때문에, 숙의 나씨가 낳은 왕자가 경빈 박씨가 낳은 복성군과 원손의 자리를 놓고 경쟁할 상황임을 고려한다면 숙의 나씨와 왕자의 죽음에는 다른 정치적 의도가 깔려 있었을 가능성이 많다. 중종 시절에는 왕의 후계 문제를 둘러싼 정치 세력들 간의 암투가 극심했다. 그리고 이것이 어린 임금의 마음을 뒤흔들기 위한 귀신 소동으로 나타났다.

1515년 윤4월 21일, 홍문관 부제학 신상이 올린 글이다.

"장님과 무당이 궁궐에서 푸닥거리를 하고 포를 쏘며 부적과 주술을 써서 귀신을 두렵게 만들려 궐 안이 난리입니다. 헤아려보면 궁궐에서 사괴邪怪한 일이 일어나서 그런 것이 아닌가 하는 생각이 들어 신등은 놀라고 근심하여 마지않습니다. 귀신이란 없는 것도 아니고 사람 사이에 살지만 그들에게 눌려 부림을 당하면 영원히 끌려다니는 것입니다. 밝은 태양처럼 몸가짐을 바로 하고 하늘을 우러러 한 점 부끄러움 없는 생활 태도를 견지하시면 지금 돌아다니는 괴물들은 사라질 것입니다."

4월 17일 대비가 경복궁에서 창덕궁으로 이어한 것이 귀신 소동 때문이라는 이야기를 듣고는 귀신에게 부림을 당하지 말라고 임금에게 충고한 것이다. "하늘을 우러러 한 점 부끄럼 없이 살라"는 말이 귀에 거슬렸을 임금이다. 임금은 그의 상소를 받고 당시 궁궐에서 벌어지던 해괴한 일들을 대략 이야기했다.

"지금 궁내에 잇달아 큰일이 일어나고, 또 병 기운이 돌아 궁인들이 잇달아 병에 걸리므로 자전을 모시고 어소를 옮긴 것이다. 또 과거부터 궐내에 요괴스런 일로 즉사한 자가 있으면 방포放砲하는 것이 관례로 되어 있다."

당시 궁궐에서 이상한 기운에 눌려 병에 걸리고 시름시름 앓다가 죽는 궁인이 속출했고, 너무 무서운 요괴에게 놀라 그 자리에서 심장 마비로 죽은 궁인들도 있어 대궐에서 한밤에 포를 쏘았다는 설명이다.

괴물이냐? 귀신이냐?

"이상한 일이다. 밤에 개 같은 짐승이 문소전 뒤에서 나와 앞 묘전으로 향하는 것을 문소전을 지키는 자가 괴이하게 여겨 쫓으니 서쪽 담을 넘어 달아났다. 내가 병사들을 시켜 궁궐 주변을 수색하게 했지만 행방이 묘연했다."

1511년 5월 9일 문소전 주변에 나타났던 기이한 짐승에 관련된 《실록》의 기록이다. 신의왕후의 신전인 문소전에 개와 비슷한 짐승이 나타나 경복궁 주변 병사들까지 동원해서 괴물을 찾았지만 다시 찾지 못했다는 내용이다.

이 사건이 일어나고 16년이 흐른 1527년 여름, 다시 경복궁에서 괴물 소동이 일어났다. 기록을 종합해보면 개와 비슷하지만 개는 아닌 것이 눈에서 광채를 뿜으며 이상한 소리를 내면서 돌아다녔다는 것이다. 1511년의 기록과 1527년의 기록이 똑같았다. 경복궁에 개처럼 생긴 아주 무섭게 생긴 동물, 혹은 괴물이 존재했다는 이야기다. 그런데 괴물의 형상이 점점 보태지고 부풀려져 귀신 소동으로 확대된다.

다시 《실록》의 기록을 살펴보자. 1527년(중종 22년) 6월 17일, 경복궁에 괴물이 나타나 궁을 지키는 자들을 놀라게 한다는 이야기가 등장한다.

"무슨 일로 이리 궐내가 뒤숭숭한가?"

놀란 눈으로 임금이 당직 승지에게 물었다. 승지는 궁궐을 지키는 군사들을 겁먹게 한 괴물을 생포하기 위함이라고 보고했다.

"경복궁 안에서 갑사 몇 명이 기절하여 한참 만에 깨어나서는 괴물이 나타났다는 말들을 한다고 합니다."

임금은 승지의 보고를 받고 곧바로 좌의정 정광필과 우의정 심정을 불러 대책을 의논했다.

"정말 경복궁에 밤마다 괴물이 돌아다니는 것인가? 지금 대비(정현왕후, 임금의 모후)께서 창경궁에서 요양을 마친 뒤 이곳 경복궁에 계시는데 무슨 괴물이 출몰한단 말이냐? 대비마마의 안위에는 아무 이상이 없는가?"

"대비마마의 신변에는 아무 이상이 없다 하옵니다."

정광필의 보고였다.

"그래, 다행이다. 그러나 심히 불안하니 어찌해야 하는가? 괴물을 본 사람은 자세히 이야기를 해봐라!"

우의정 심정이 벌떡 일어나 임금에게 자신이 본 괴물의 형체를 설명하기 시작했다.

"전하! 제가 직접 눈으로 본 괴물 모습을 말씀드리겠습니다."

"그래 귀신이냐 아니면 괴물이냐?"

임금이 호기심 가득한 표정으로 물었다.

"전하! 제가 알기로는 귀신 같습니다. 괴물이란 동물도 사람도 아닌 요상한 형상을 하고 있어야 합니다. 그런데 형체는 보이지 않고 요란한 소리만 들립니다."

"형체가 보이지 않는다? 무슨 말이냐?"

"기절한 갑사들의 말을 들으니 마차를 끄는 것과 같은 소리가 갑자기 났다고 합니다."

"빛이 번쩍했다고 하던가?"

"아닙니다."

"빛도 없다?"

임금은 고개를 갸웃거렸다. 도대체 알 수 없는 말이었다. 게다가 보고하는 내용들이 다 달랐다.

"세자가 아직 어리고 대비께선 연로하고 몸이 약하시니 경복궁의 억센 기운에서 피하게 하는 것이 좋을 듯하다. 경복궁에서 창덕궁으로 이어하고 싶다. 이어할 때는 특별히 복숭아나무로 치장하라. 경복궁의 귀기를 창덕궁으로 옮기고 싶지 않구나."

당직 사관은 당시의 상황을 아주 상세히 묘사하고 있다.

"어젯밤 서울 거리에 바람 부는 소리와 개 짖는 소리가 모두 이상해 궁궐을 지키는 갑사들이 놀라 소리를 치고 더러 어떤 자들은 기절하는 자들도 많았습니다. 이는 위장이나 부장들이 군사들의 군기를 엄히 단속하지 못해 겁들을 먹고 그러는 것이니 지휘관들을 엄히 단속해야 합니다. 바람 소리와 귀신 소리에 놀라 기절하는 군사에게 어찌 나라의 안위를 맡길 수 있습니까? 지휘관들에게 군기 소홀의 책임을 물어 문책함이 마땅합니다."

임금은 당직 사관의 글을 보고 다시 호기심 가득한 표정으로 물었다. 그러자 그는 이렇게 표현했다.

"며칠 동안 바람 소리가 개 울부짖는 소리와 함께 났습니다. 바람 소리가 나지만 나뭇가지는 움직이지 않았으니 이상한 바람이었습니다. 누구는 괴물을 보았다고 하고, 누구는 그냥 소리만 들었다고 합니다. 괴물을 본 자들은 삽살개 크기에 눈에서 빛이 났다고 합니다. 호랑이가 아닌가 하고 자세히 보았지만 분명 호랑이하고는 달라 보였다고 합니다."

1527년 6월 26일 임금은 귀신에게 쫓겨 경복궁에서 창경궁으로 이어했다. 원래 창덕궁으로 옮기려 했지만 지형이 낮고 습할 뿐 아니라 자리가 좁아 넓은 창경궁으로 옮긴 것이다. 홍문관 부제학 박윤경이 궐내의 귀신 소동이 이제 민가에도 전해져 경복궁 주변 사람들이 두려움에 떤다고 임금에게 보고했다. 그리고 7월 11일 신하들은 창경궁은 담장이 낮으므로 애초 의지대로 창덕궁으로 이어해야 한다고 재차 임금에게 건의했다.

임금은 "두 궁궐은 단지 문 하나를 사이에 두고 있을 뿐이니 날씨가 추워지면 곧바로 이어하겠다"고 대답했다. 그리고 일주일 뒤 곧바로 신하들의 요구를 받아들여 창덕궁으로 이어했다.

귀신 소동이 일어나고 3년 뒤인 1530년 7월 5일, 대비의 건강이 심각해졌다. 임금은 새벽에 일어나 종묘에 나가 기도를 올렸다. 예순아홉의 여인, 폭군 연산도 그녀의 인자스러움과 따뜻함 때문에 함부로 하지 못했지만 늘그막에 경복궁 귀신 소동 때문에 고생을 했다.

창경궁으로 이어한 뒤에도 이상한 일이 자주 일어났다. 대비가 거처하는 침전인 통명전에 대낮에도 이상한 형상을 한 괴물들이 나타나 창문이나 벽을 마구 두드리는가 하면 이상한 물건들로 희롱하였다. 임금이 이런 보고를 듣고 귀신이나 도깨비에 대해 해박한 신하에게 창경궁 통명전에 이런 일이 왜 일어나는지 물었다.

"진晉나라의 갈홍이 지은 《포박자抱朴子》에서 도깨비를 잘 설명하고 있는데 '산속 도깨비는 모양이 어린애와 같고 외발로 뒷걸음질 쳐 걸으며 밤을 좋아하고 사람을 놀라게 하는 일을 즐기는데 사람이 그들에게 혼을 빼앗겨 죽기도 한다'고 기록되어 있습니다. 지금 창경궁 통명전과 그 위 공간은 음기가 흘러 모이는 곳입니다. 북악에서 뻗은 강력

한 음기가 경복궁으로 향해 있으며 다른 한 기운이 바로 이곳 창경궁 통명전에 머문 겁니다."

승지의 말이 끝나자 임금은 자신의 뜻을 관철시키려고 이렇게 말했다.

"당초 대비께서 이 창경궁으로 이어한 것은 영원히 계시려고 한 것이 아니었다. 정해년(1527년)에 망령되이 경복궁에 요귀가 있다고 하여 이 궁궐로 이어했다가 즉시 돌아가려고 했으나 대비께서 이곳을 편안하게 여겨 환궁하자는 뜻을 아뢰지 못했다. 그런데 내의원 제조 등이 대비마마의 건강이 좋지 않은데 곧바로 이어한다면 요망한 원기가 또 날뛸 것이라며 반대했던 것이다."

1530년(중종 25년) 7월 16일 대비전이 경복궁 동궁으로 이어했다. 다음은 사관의 짧은 설명이다.

"대비가 거처하는 침전(창경궁 통명전)에는 대낮에 괴물이 창문을 마구 두드리는가 하면 요사한 물건으로 희롱하기도 하여 임금이 가까이서 모시고자 한 것이다."

이번에는 창경궁 통명전에서 일어난 도깨비들의 소동에 놀라 3년 전과 마찬가지로 이어하게 된 것이다. 성종의 계비이자 중종의 생모인 정현왕후는 경복궁으로 돌아와 1530년 8월 22일, 열여섯 살인 손자(인종)의 손을 꼭 쥐고 예순아홉이라는 비교적 장수한 나이로 숨을 거두었다. 워낙 기가 강한 여인의 죽음이라 그런지 그 다음 날 하늘이 온통

202

시커멓더니 천둥번개가 치면서 폭우가 쏟아졌다. 여인이 제일 사랑했던 세자(인종)는 할머니의 빈전을 자신의 거처로 옮겼다. 그런데 아직 재궁에 입관도 하지 않은 대비의 시신이 있는 방 안에서 종종 이상한 소리가 들린다고 했다. 놀란 궁녀들이 불을 켜고 이리저리 허둥거리고 있을 때 시신이 있는 방 안에서 소리가 나자 궁녀들은 놀라 비명을 질렀다.

궁녀들의 비명 소리가 요란하고 번개가 번쩍이는데 죽은 대비를 모신 방의 창문이 갑자기 열려 빗물이 들이치고 있었다. 그때 귀인 정씨(세자의 후궁)가 시신을 모신 방 안으로 들어가 창문을 닫았다. 이처럼 귀인 정씨는 담대하고 차분한 여인이었다.

경복궁 동궁은 여러모로 기운이 강하고 불길하니 대비의 시신을 원래 당신이 거처하던 창경궁 통명전으로 옮기자는 말이 많았다. 임금은 세자의 건강도 문제이니 그리하라고 명했다가, "통명전은 음기가 강하니 문정전으로 하라!"고 다시 정정했다. 귀신에게 놀라 죽은 여인은 죽은 뒤에도 귀신들에게 쫓겨 다니고 있었다.

1532년 5월 21일 금군禁軍이 밤에 놀랐다.

"어떤 자가 망령된 말로 '말[馬]같이 생긴 괴물이 나타나 이리저리 치닫는다'고 하자 금군들이 놀라 소리치면서 소동을 피웠다."

사관은 소동의 원인이 된 것이 '말처럼 생긴 괴물'이라고 기록하고 있다. 이처럼 당시 한양 한복판 경복궁 주변에서는 개나 말처럼 생긴 괴물이 나타나 사람들을 놀라게 했다. 사관들이 당시 궁궐 주변을 맴돌던 괴물의 모습을 기록한 것은, 불순한 세력들이 귀신 소동으로 임금과 대비를 위협하여 자신들의 정치적 목적을 달성하려 했던 것이 아닌 당시에 실제로 존재했던 불가사의한 괴물을 사실대로 적시한 것인지 모른다.

괴물을 묘사한 《실록》의 기록은 이 알 수 없는 정체가 점점 자라고 있음을 보여준다. 1511년 문소전에서 나타난 괴물은 개와 비슷하지만 개는 아니라고 기록되어 있고, 1527년에 나타난 괴물은 삽살개 모양이지만 호랑이처럼 밝은 눈을 하고 있으며, 1530년에 나타난 괴물은 이전보다 훨씬 크고 무서운 모습으로 기록되어 있고, 1532년에는 괴물이 말처럼 크고 이리저리 치닫는다고 기록되어 있다.

임금이 죽은 다음 날 또 나타난 괴물

1545년(인종 1년) 2월 3일, 중종의 재궁이 빈전을 나와 산릉으로 가는 날이었다. 105일 동안 창경궁 통명전에 있던 선왕의 재궁을 모시고 인종은 하루도 눈물을 흘리지 않은 날이 없이 애통해했으며 그 슬픔이 지나쳐 몸이 무척 상해 있었다. 그래서 발인하는 날 서른한 살의 젊은 왕은 나이보다 두 배는 늙어 보였고 걷기조차 힘들어 보였다.

1544년 11월 15일 숨을 거둔 중종. 아들은 유난히 아버지의 죽음을 애통해했다. 아들은 아버지가 자신에게 얼마나 많은 사랑을 베풀었는지 생생하게 기억했다. 낳은 지 5일 만에 어미를 잃은 원자를 지키기 위해 임금은 평생 노심초사했다. 세 살 때 원자가 마마를 앓자 임금은 잠을 설치며 아이의 방을 들락거렸다. 열세 살 무렵에는 세자를 저주하는 일들이 계속 일어났다. 불로 지진 쥐를 세자가 거처하는 곳에 걸어놓는 저주를 꾸몄다는 이유로 후궁 경빈 박씨가 유배를 가기도 했다. 그 일이 일어난 지 6년 뒤 경빈 박씨는 사약을 받고 죽었다.

　　장례 기간 동안 인종의 몸은 날로 수척해졌다. 뼈만 앙상한 임금의 몸은 죽기로 작정한 사람 같았다. 임금은 약간의 음식을 먹고도 구토를 자주하여 구토를 멎게 하는 약을 먹기도 했다. 1545년 2월 11일 백관들이 일제히 모여 소리 높여 임금에게 건의했다.

　　"고깃국을 드시지요!"

　　신하들이 대비인 문정왕후에게 가서 임금의 수라를 챙겨 달라 청하면 대비는 이렇게 말했다.

　　"나이가 서른두 살이나 된 임금이다. 어찌 아이처럼 음식을 떠서 입에 넣을 수 있겠느냐?"

　　1543년 세자의 나이 스물다섯 살 때 문정왕후는 자신이 낳은 아들(명종)이 임금이 되길 원해 세자 거처하는 곳에 불을 냈다. 그런 계모의 마음을 알았던 세자가 죽기로 결심하고 불길에서 나오지 않은 채 버틴

적도 있었다. 그러자 중종은 직접 세자가 있는 방문 앞에서 눈물로 아들을 찾았다.

1545년 2월 24일 인종은 궁중에서 특별히 만든 술을 신하들에게 내렸다. 그리고 친히 술을 두어 잔 따라 마시고 고기반찬 두 점을 입안에 넣었다. 그의 건강을 지나치게 염려한 신하들을 배려한 행동이었다. 신하들의 얼굴에는 안심한 표정들이 역력했다.

1545년 3월 25일 중종의 영정이 봉안됐다. 인종이 그 그림을 보고 또 통곡했으며 영의정도 옆에서 통곡하자 신하들 모두가 울었다. 누군가 생시 모습과 다르다고 하자 말을 타고 앉아 계신 모습은 흡사하다고 임금이 말했다. 그리고 인종은 한동안 자기 처소에 말을 탄 아버지의 모습을 걸어두었다.

1545년 4월 중순, 인종은 아버지 중종의 빈전이 있던 창경궁에서 6개월을 머물다 중국 사신들이 온다는 통보를 받고 경복궁으로 이어했다. 임금은 경회루에서 벌어진 사신 접대 연회에서도 입에 술을 대지 않았다. 그것은 선왕의 죽음에 대한 예를 행하기 위함이었다. 신중한 임금은 입을 무겁게 하였는데 간혹 하는 말은 앞날을 예견하는 것이었고 놀라울 만큼 정확했다.

임금은 태평관에서 중국 사신을 맞이하고 환궁하면서 광화문 앞에 높이 쌓아놓은 산대[山臺]를 보고 "왠지 무너질 것 같아 불안하다"고 말했다. 수행 내관은 곧바로 군기시 책임자에게 이 말을 전했으나 관리는 곧바로 수리하지 않았다. 다음 날 갑자기 쏟아진 폭우로 산디가 무너지는 바람에 주변에 있던 군중 수십 명이 압사하는 일이 벌어졌다.

"군기시가 세운 산디의 한 모퉁이가 무너져 깔려 죽은 사람이 수십 명이나 되었다."(1545년 5월 11일)

1545년 6월 22일, 임금의 얼굴빛이 어두웠다. 임금의 눈동자가 마치 술에 취한 사람처럼 몽롱해지기 시작했다. 약물에 취한 사람처럼 보였다.

"오늘 밤이 정말 고비다."

승지와 내시들이 수근거렸다. 이런 이야기가 들리자 대궐 나인들의 울부짖는 소리가 궁궐 담장 밖을 넘었다. 대비 문정왕후가 갑자기 딸 의혜공주의 집으로 간다고 소란을 일으켰다. 신하 가운데 한 사람이 이렇게 늦은 밤에 대비께서 거둥하시는 것은 아픈 아들을 버리는 부모로 보일 뿐이라고 했다.

1545년 6월 26일 인종은 자신이 죽을 것을 알고 있는 사람처럼 청연루로 자리를 옮겼다. 임금은 죽을 날이 온다면 이곳에서 죽을 것이라고 오랫동안 생각하고 있었다. 청연루는 경복궁 아미산 동남쪽에 위치한 이층 다락방이다. 더위를 잘 타던 인종은 세자 시절부터 여름에 시원한 이곳에서 잠을 청했다. 아픈 임금은 마치 완쾌된 사람처럼 스스로 일어나 청연루로 거처를 옮겼다. 모두들 깜짝 놀랐다. 하지만 다음 날 상태가 다시 위독해졌다.

임금의 죽음을 알리는 전조가 나타났다. 세조가 죽기 전에도 경회루 기둥에 벼락이 쳤다.

"이번에는 여덟 개 기둥이 모두 부러졌다. 특히 서쪽의 한 기둥이 더욱 심하게 부러졌다. 나뭇조각이 못 위에 뜨고 불빛이 타오르는 듯하였다." (1545년 6월 27일)

문정왕후가 또 호들갑을 떨었다.

"제발 나를 이 저주받은 궁궐에서 벗어나게 해달라! 아마도 아픈 임금보다 놀란 내가 더 빨리 죽을 것이다. 도대체 사람이 살 수 있는 곳이 아니다."

1545년 6월 28일 인종의 병이 더 위독해졌다. 그런데 인종은 들어온 약을 먹지 않으려 했다. 살기를 포기한 사람 같았다. 궁녀가 새끼손가락을 살며시 임금의 입에 넣고 약을 한 숟가락 넣으려 하자 임금은 궁녀의 손가락을 꾹 깨물어버렸다.

이 소식을 들은 문정왕후가 자신의 손가락을 잘라 한 수저 정도 되는 핏방울을 받아서 임금의 입에 떠넣었다. 그런 가식적인 행동이라도 고맙다는 뜻이었을까? 임금은 반쯤 일어나 약사발 하나를 다 비웠다. 그리고 다음 날 임금은 문정왕후가 가장 좋아하는 일을 했다. 경원대군에게 전위한다는 교서를 승지를 통해 내렸다. 문정왕후는 기쁨의 눈물을 흘렸고 인종도 눈물을 흘렸다. 인종이 흘린 눈물은 산 자가 죽기 직전 흘리는 바로 그 눈물이었다. 죽기 전에 흘리는 눈물은 많지 않았다. 생을 다한 사람은 이 눈물 한 방울로 그간 이승에서 겪은 마음고생을 스스로 위로했다. 경험 많은 내시들은 임금이 죽음 직전에 흘리는 눈물을 보고 가망이 없다고 체념했다. 계모 문정왕후는 대궐 밖에서 임금의 임종을 맞고 싶다는 뜻을 다시 한 번 알려왔다. 관리들 모두 있을 수 없는 일이라고 대비를 비난했다.

이미 임금은 죽은 사람과도 같았다. 몸은 굳어가고 있었고 목구멍은 닫힌 상황이었다. 아내는 남편을 위해 마지막으로 자신의 손가락을 잘랐다. 임금의 입술 위로 왕비의 손가락에서 흘러나온 피가 떨어졌다. 이의 벌어진 틈 사이로 여인의 핏물이 흘러 들어갔다. 이 모습을 지켜보던 대신들이 눈물을 훔치고 있었다. 이상한 일이었다. 분명 맥도 없고 숨도 끊어진 것을 확인하였던 내시는 당황하여 몸을 떨었다. 임금의 죽음을 확인하는 마지막 절차로 대전 내관이 솜을 코에 갖다 대려 하자 갑자기 허공 위로 임금의 손이 올라갔다. 누구를 찾는 것일까? 하지만 그것은 이승과 이별하는 손짓이었을 뿐 다른 의미는 없었다. 1545년 7월 1일 임금은 청연루 아래 세 칸짜리 작은 침실에서 죽었다.

사관은 인종을 이렇게 평했다.

"세자로 있을 때도 늘 종일 앉아 말이 없었고, 그래서 사람들은 그가 무슨 생각을 하는지 잘 몰랐다. 보위에 오른 뒤 정사를 처리할 때

경복궁 자경전 옆 청연루
이곳에서 인종이 승하했다.

이치에 맞지 않는 일이 없었고, 글 또한 뜻이 깊어 읽는 사람들 누구나 탄복했다."

임금의 안위를 걱정하는 백성들은 궁궐 담장에 귀를 대고 생과 사의 여부를 알기 위해 노심초사했다. 세종 이후 백 년 만에 성군을 기대하던 사람들에게 임금이 고작 9개월 만에 죽은 것에 대한 아쉬움과 슬픔은 대단했다. 성균관과 사학의 유생들이 광화문 밖에 모여 종일 끊임없이 통곡했고, 일반 백성들은 물론 노비에서부터 부녀자들까지 집에서 뛰쳐나와 광화문 앞에서 울부짖었다.

1545년 7월 2일 임금이 죽은 다음 날에 소렴이 있었다. 소렴이란 시체를 빈전에 옮겨 옷과 이불을 갈아 싸는 일을 말한다. 소렴을 이렇게 일찍 서두른 것은 시체 썩는 냄새가 대궐 안팎에 진동했기 때문이다. 하지만 날씨가 더워 시신의 부기가 심할 것이란 생각과는 달리 흠하나 없이 깨끗한 옥체를 유지하고 있어 다들 놀랐다. 그런데 얼굴 눈자위 주변으로 푸른 기운이 너무 강해 한눈에도 약물중독으로 죽은 것임을 알 수 있었다.

시신을 닦던 내시는 임금의 손과 발에서 따뜻함이 전해져 놀랐다. 염을 하던 내시가 임금의 고개를 반듯하게 하고 통증 때문에 구부러진 한쪽 무릎을 폈지만 이상하게도 너무 부드러워 힘이 하나도 들지 않았다. 대비는 염을 마친 임금의 시신을 외부에 공개하길 원하지 않는다고 했다. 푸른빛이 감도는 임금의 얼굴이 외부에 노출되는 것이 마음에 걸렸을 것이다.

임금이 죽은 다음 날 궁궐 주변에서는 또다시 괴물 소동이 벌어졌다. 사관은 그날 밤 한양 한복판에 출현한 괴물 이야기를 이렇게 기록하고 있다.

"캄캄한 밤에 괴물이 다니는데 지나가는 곳마다 검은 기운이 더욱 짙었다. 소리가 들리는데 수레가 지나가는 소리였다. 그것도 아주 큰 소리라 도성 한복판 사람들이 놀라 거리로 나와 무리 지어 네거리에 모여 징을 치고 궐 안에서는 말들이 놀라 이리 뛰고 저리 뛰니 순졸들이 막지 못했다. 이와 같이 이상한 일이 사나흘 계속 된 후에 그쳤다."

사관이 묘사한 괴물은 한층 더 위력적이고 신비로웠다. 괴물이 지

나간 자리마다 검은 기운이 짙어지고 한양 사람들이 놀라 네거리에 나와 징을 치며 괴물을 쫓았다고 사관은 기록하고 있다. 그런 날이 사나흘 계속됐다고 하니 이런 일은 《조선왕조실록》 어디에도 없는 특이한 기록이다.

괴물이 나타나자 임금의 시신을 안치하는 빈전을 어디로 할 것인가를 놓고 논란이 심해졌다. 7월 2일 소렴을 할 때, 신하들이 창경궁 통명전에 있는 재궁을 경복궁 사정전으로 모셔 와야 한다고 하자 문정왕후가 반대했다. 문정왕후가 "예종 임금을 안치했던 충순당이 좋을 것 같다"는 의견을 내자 신하들이 다시 즉각 반대했다.

"충순당은 후원이 거칠고 소활한 곳이라 안 됩니다."

이곳은 예종의 시신을 모신 곳인데 귀매들의 소란으로 빈전을 다른 곳으로 이전한 일이 있었다.

결국 7월 2일 경복궁 사정전에서 소렴을 한 뒤 7월 14일 시신을 다시 창경궁 저승전(창경궁의 동궁 자리)으로 옮긴다. 그리고 다시 신하들의 건의를 받아들여 7월 18일 창덕궁 선정전으로 시신을 옮겼다. 임금의 시신이 안치된 빈전을 이렇게 우왕좌왕 움직인 것은 인종의 죽음 뒤 궁궐에서 벌어진 믿기 힘든 괴변들 때문이다.

문정왕후는 인종의 시신이 무척 부담스러웠다. 그래서 1545년 10월 12일 서둘러 효릉에 안장했다. 그런데 대여(관을 실은 큰 가마) 위에 놓인 재궁을 감싼 임금의 관의가 감쪽같이 사라졌다. 분명 창덕궁 선정전 빈전에서 관 위에 덮은 관의가 광화문에서 사라진 것이다. 이 사건을 놓고 한 달 동안 조사가 진행됐지만 이유는 밝혀지지 않았다.

중종과 인종 연간에 귀신에 대한 언급이 빈번했던 것은 당시 조선 사람들의 불안감이 그만큼 컸다는 것을 나타낸다. 흑사병 등으로 전체 인구의 30퍼센트 이상이 죽자 죽음의 공포에 시달리던 유럽 사람들이 인간의 형상을 한 마녀의 존재를 믿고 신의 이름으로 마녀사냥에 집착했던 것처럼 조선 사람들 역시 빈곤과 질병 혹은 정치적 이유로 억울하게 죽은 사람들이 도성을 떠돌고 있다고 믿고 있었다.

밤도 낮처럼 밝은 시대를 살고 있는 오늘날 우리들의 시각으로는 이해하기 힘들지만 전기도 없는 시대, 거리에 가로등도 없고 캄캄한 밤이 하루의 절반 이상이었던 시대에는 보이지 않고 명확하지 않은 것들에서 오는 공포심이나 불안감이 컸을 것이다. 16세기 《실록》에 나타난 귀신 소동이나 괴물 소동은 귀신이란 존재 유무를 떠나, 중세시대를 살던 조선인들의 불안한 심리가 표현된 것이다.

창경궁과 통명전

창경궁에서도 가장 깊은 곳이 통명전이다. 통명전은 기단을 올려 만든 전각이지만 그 주위에 있다보면 땅속으로 꺼지는 듯한 느낌이 든다. 통명전의 지붕은 팔작지붕이다. 수리부엉이가 하늘에서 땅으로 착지하기 바로 직전 날개를 한번 내렸다 들어 올린 모습을 연상케 한다.

창경궁에서는 유난히 도깨비들의 장난이 심했다. 종묘에서 가장 가까운 궁궐인 창경궁은 귀신들이 설 공간이라고 술사 최양선이 말한 바 있다. 이곳에 궁궐이 들어선다면 자식들이 귀신에 홀릴 것이라고 주장했던 그의 말은 그리 틀린 것 같지 않다.

경복궁을 피하기 위해 만든 궁궐

창경궁은 경복궁의 불길한 기운이 때문에 지은 궁궐이다.

성종은 왕비 세 명에게서 2남 1녀, 후궁 아홉 명에게서 14남 11녀를 낳은 다자다복한 임금이었다. 거느릴 식구가 많았지만 폐허로 변한 경복궁에서는 살 수 없어 임금은 도성 5부 부자들에게 왕실 자녀들이 거주할 공간을 마련해주길 부탁한다는 궁색한 전교를 내리기도 했다. 창덕궁이 아닌 궁궐로는 경복궁이 유일한데 그곳에 살기를 원하는 사람은 없었다. 게다가 왕실의 최고 어른인 정희왕후를 비롯한 세 명의 대비들이 좁은 창덕궁에 함께 기거할 수 없었기 때문에 창경궁 건설 계획이 발표된 것이다. 창경궁은 왕실 여성들의 휴식 공간을 마련할 목적으로 건설되었다.

성종은 1469년 11월 28일 오후 세 시 무렵 경복궁 근정전에서 즉위했다. 그날 아침 아홉 시에 예종이 죽었는데, 예종의 뒤를 이을 마땅한 인물이 없어 대궐에는 긴장감이 감돌았다. 세조에 이어 왕위에 오른 예종이 즉위한 지 14개월 만에 후사도 정하지 못하고 죽은 것이다. 예종의 사인은 명확하지 않다. 안순왕후 한씨와 뜨거운 밤을 보내다 복상사했다는 말도 돌았다. 이런 유언비어 때문인지 《실록》에서는 임금의 병환을 '불예不豫'로 표현하며 "임금이 불예하므로 승지들이 숙직하였다"고 기록하고 있다. 복상사를 감추려는 기술임이 분명하다.

후계 임금이 정해져 있지 않은 상황에서 임금을 선택할 수 있는 권한은 왕실의 최고 어른인 정희왕후에게 있었다.

"원자인 제안군 이현은 아직 포대기에 있고, 월산군 이정은 병을 달고 살고 있다. 돌아가신 세조께서 자산군 이혈의 기상을 항상 칭찬한 바, 그를 임금으로 선택하겠다."

쉰 살이 넘은 정희왕후의 목소리는 작지만 힘이 있었다. 여인은 카

리스마 넘치는 표정으로 성종, 즉 자산군 이혈을 임금으로 선택한다.

보통 후임 임금은 소렴과 대렴(시신을 재궁에 넣는 절차)을 마치고 5일 뒤에 즉위하는 것이 관례였다. 하지만 성종이 등극한 과정은 참으로 이례적이고 파격적이었다. 그만큼 왕실의 상황은 급박했다.

성종의 나이 고작 열세 살. 나이로 보았을 때 임금이 직접 정사를 펼 수는 없었으므로 자연스럽게 대왕대비가 수렴청정을 하게 되어 있었다. 하지만 정희왕후는 다시 한 번 파격적인 제안을 내놓는다.

"작은 일은 원상을 중심으로 결정하세요. 큰 일만 나에게 보고하시고. 승지들이 매일 아침 전날의 일을 보고하는 것으로 하세요."

그래서 정희왕후의 정치 스타일은 '수렴청정'이 아닌 그냥 '청정'이었다. 발을 내리고 왕과 신하들의 중간에 끼어드는 모양새가 마음에 들지 않았던 정희왕후는 원상들에게 권력을 다 주었던 것이다.

7년 동안 정사를 돌봤던 정희왕후는 1476년 1월 13일, 막 스무 살이 된 손자에게 권력을 모두 이양하고 정치 무대에서 내려왔다. 그런데 임금의 장인인 한명회가 이 일에 대해 반발하고 나섰다. 한명회의 지나친 반대가 할머니와 손자의 아름다운 권력 이양을 어그러뜨렸다.

다음 날 한명회는 자신의 생사여탈권을 쥔 사위 앞에서 무릎을 꿇고 잘못을 빌었다. 그러나 한명회는 임금의 신임을 받던 젊은 대간들의 집요한 공격을 받고 결국 원상과 좌의정 자리를 내놓는다. 한명회에 이어 세조 정권 창출의 핵심 인물이었던 영의정 정창손도 사표를 제출했다.

성종의 목표는 두 사람의 사퇴가 아니라 세조가 만든 원상 제도를 폐지하는 데 있었다. 세조의 죽음 이후 모든 권력이 원상들에게 집중돼 있었다. 1476년 5월 19일, 임금이 원상들을 승정원에 나오지 못하게 하면서 임금 위에서 권력을 행사하던 원상들의 존재는 하루아침에 사라졌다.

예종이 승하한 바로 그날 즉위한 성종은 경복궁 사정전에서 한 달을 기거했다. 경복궁 충순당이 예종의 빈전이었기 때문이다. 그리고 한 달 만에 대행 대비 정희왕후의 지시로 경복궁에서 창덕궁으로 이어했다. 성종이 경복궁에 있던 그 한 달 동안 무시무시한 일이 벌어졌는데 《실록》은 알쏭달쏭한 기록으로 읽는 사람들의 상상을 자극한다.

"대궐에 역기(돌림병 귀신 혹은 그 기운)가 있으니, 금기禁忌로 인하여 빈전의 조석전에는 술과 유밀과油蜜果를 쓰지 않고 떡으로 대신 쓰게 했으며, 빈소를 모신 내관 등은 곡하지 않고 상복을 입지 못하게 하였다." (1469년 12월 11일)

"빈전을 경복궁 충순당에서 경복궁 동궁으로 옮기게 했다." (1469년 12월 17일)

특히 주목할 것은 예종의 빈전을 귀신들이 종종 출몰한다는 동궁으로 이전한 것이다. 또한 같은 날, 경희전에 있던 세조의 혼전을 경복궁 동궁으로 옮겼다. 무슨 이유로 세조의 혼전과 예종의 빈전을 함께 동궁으로 옮겼을까?

경복궁 충순당은 문종과 단종의 추억이 가득한 곳이었다. 혹 그곳에 있던 예종의 영혼이 문종과 단종의 영혼에 부림을 당한 것은 아니었을까? 그래서 세조의 보호를 받기 위해 경복궁 동궁으로 예종의 빈전을 옮긴 것은 아닐까? 《실록》에서는 그 이유를 전혀 언급하지 않고 있다.

빈전을 옮기기 하루 전인 12월 16일 《실록》의 기사 한 줄이 또 호기심을 자극한다.

"대궐 안에 금기禁忌를 폐지하였다."

빈전을 옮기기 전까지 약 6일 동안 예종의 재궁이 있던 충순당에 사람들이 다니지 못하게 하다가 이날 비로소 통금을 해지했을 것이라 추측된다. 통금한 그 며칠 동안 빈전인 충순당은 귀매들의 소동으로 요란했을 것이다.

이처럼 어린 성종이 감당하기에는 너무도 무시무시한 일이 1469년 12월 한 달 사이에 일어났고, 그래서 정희왕후는 할 수 없이 임금을 창덕궁으로 피신시킨 것이다.

창덕궁으로 거처를 옮긴 뒤 성종은 경복궁을 한동안 방치했다. 사람이 살지 않는 경복궁은 점점 더 흉가처럼 변해갔다.

"경회루는 선왕께서 창건하신 것인데 장차 무너질 형세이고, 경복궁도 오래 비워서 점점 허물어지고 쇠어가니, 영선하는 일(건축물을 새로 짓거나 수리함)을 바로 해야 할 것입니다.”

이런 의견들이 비등하자 대비의 청정 퇴임을 2년 앞둔 1475년(성종 6년) 성종은 경복궁의 옛날 동궁 자리를 중심으로 대비의 새로운 거주 공간을 마련하라고 지시한다. 그런데 경복궁 수리가 거의 끝나갈 무렵인 1479년 겨울, 정희왕후는 경복궁에서 살기를 주저하며 경복궁은 겨울이 너무 추우니 따뜻한 봄에 움직이겠다고 말한 뒤 곧바로 온양 행궁으로 요양을 떠나버렸다. 남편과 자식을 빼앗은 경복궁 귀신들이 무서웠을 것이다.

젊은 임금 성종은 결국 대비의 거처 이어 계획을 전면 백지화하고 새로운 궁궐을 만들기로 했다. 그렇게 해서 지은 것이 창경궁이다. 즉 성종이 창경궁을 건설한 것은 경복궁을 돌아다니는 귀신이나 도깨비 들 때문이었다. 경복궁을 무서워했던 정희왕후는 한양과 온양 행궁을 왔다 갔다 하다가 창경궁이 완성되기 전, 온양에서 한양으로 오는 길 에 숨을 거두었다.

자손이 귀신에게 해를 당할 곳

1484년 9월 27일 창경궁이 완성됐다. 1483년(성종 14년) 3월 3일 상 량식을 거행한 뒤 1년 6개월 만에 조선 왕실의 새로운 궁궐이 만들어진 것이다.

성종은 통명전을 가장 마음에 들어했다. 통명전은 창경궁에서 가장 아름다운 건축물로 손꼽힌다. 통명전은 남서쪽 방향에 있어 해가 뜨면 건물 안으로 빛이 스며든다. 또 건물 추녀가 하늘로 향한 것이 마치 새가 땅으로 내려앉을 때 날개를 편 것 같은 모습이다. 그리고 산허리 아래로 내려오는 바람이 있어 여름을 시원하게 보낼 수 있는 전각이었다.

효성이 지극했던 성종은 할머니 정희왕후와 어머니 소혜왕후 그리고 숙모 안순왕후를 위한 공간인 창경궁을 만들면서 아늑한 궁궐을 꿈꾸었다. 그래서 창경궁 뒤로 넓은 후원을 조성하고 궁궐 곳곳에 정자를 만들었다. 특히 성종이 즐겨 찾은 곳은 통명전과 자경전 사이 북쪽에 위치한 환취정이다. 성종은 한여름 환취정에 올라 도성 곳곳을 바라보다 남한산성 불빛들이 가물거린다는 시 한 수를 남기기도 했다. 환취정 주변에는 소나무와 대나무들이 빽빽하게 들어서 있어, 특히 한겨울에는 더욱 운치가 있었다. 환취정은 지금 그 자취를 찾을 수 없지만 여러 기록들을 보면 통명전과 자경전 위에 있는 작은 암자였을 것이라 추측된다.

계단 양식으로 된 통명전 후원에는 화단과 장방형의 연못들이 어우러져 있었다. 그리고 연못 위 돌다리에 무지개가 자주 어려 환상적인 풍경을 연출했다.

1485년(성종 16년) 윤4월 26일, 창경궁 통명전 앞 연못에 쓰이던 구리 수통을 뜯어 창덕궁 승정원 앞마당으로 옮겼다. 열흘 전 승정원 관리들과 임금의 말다툼이 이 사건의 시작이었다.

경연 자리에서 승지 한 명이 창경궁의 호화로운 연못을 거론하면서 굳이 구리로 수통을 주조할 필요가 있느냐고 따졌다. 임금이 나무는 금방 썩을 것이고 돌은 옮기기 어려운데 구리로 주조하면 오래 쓸 수 있으니 좋은 것 아니냐고 하자, 승지 역시 임금에게 지지 않고 반발했다. 번쩍이는 연못 수통이 후왕의 사치스러운 버릇을 낳게 될지 모르니 경계해야 한다고 잔소리를 늘어놓은 것이다.

이에 화가 난 임금은 창경궁 통명전 앞에 설치된 구리 수통을 당장 철거하게 했다. 그리고 궁궐 동쪽 담장을 허물고 그곳으로 돌을 날라 수통을 다시 만들었다.

통명전 서쪽의 작은 샘물과 연못 사이를 연결한 수통의 재질 문제가 임금과 신하들의 감정싸움으로 격화된 것은 신하들이 창경궁 통명전 주변이 지나치게 화려하고 사치스럽다고 생각했기 때문이다. 하지만 임금에게는 왕실의 어른인 두 대비가 아름답게 꾸민 궁궐에서 편안하게 여생을 보냈으면 하는 바람이 강했다.

성종 연간 창경궁에서는 주로 왕실의 연회가 열렸다. 창경궁은 신년 하례식일 때 가장 붐볐다. 임금은 이곳에서 지방 수령들이 임금에게 올리는 충성 맹세 다짐 의식인 망궐례를 행했으며, 군신들의 행사와는 별도로 내명부가 주관하는 회례연도 성대하게 열었다.

1484년 10월 16일 임금은 창경궁의 담장이 너무 낮아 사람들이 볼 수 있으니 주변에 버드나무를 많이 심으라고 지시한다. 버드나무는 귀신들이 좋아하는 나무이므로 집 주변에는 심지 않는다는 말이 무색하게 창경궁에 버드나무가 많은 것은 이 때문이다.

최양선의 불길한 예언은 창경궁이 완공된 후 4년 만에 시작된다. 1488년(성종 19년) 9월 창경궁에 거주하던 궁녀들이 시름시름 앓기 시작했다. 그리고 1488년 9월 16일 인수대비가 임금에게 환궁을 청했다.

"내 병이 어찌 피접하였다 하여 나을 수 있으랴마는, 창경궁은 내가 홀로 사는 곳이 아니라 왕대비도 계시고 또 요즈음 병을 앓는 궁인이 많아서 이 때문에 주상께서 굳이 피접을 권하므로 내가 마지못하여 따랐다. 그런데 주상도 함께 이어하니 내 마음이 미안하다. 주상은 속히 환궁하여 일주일에 한 번 정도만 문안하는 것이 좋을 듯하다. 내 병이 하루 이틀 사이 위급해질 것도 아니니 다른 증세가 생기거든 약을 보아도 늦지 않을 것이다."

임금은 서둘러 인수대비를 창경궁에서 사가로 피접(액운을 피해 자리를 옮겨 요양함)시켰다. 대비는 학림정 이이의 집으로 이어하고 임금은 그 옆집인 최세현의 집으로 갔다. 이에 놀란 인수대비가 신하들을 불러 임금의 환궁을 서둘러 강권하라 지시한다. 인수대비는 그해 11월 13일 환궁하는데, 그때까지 약 두 달 동안 성종은 온통 어머니의 병환에 신경을 곤두세웠다. 이틀 이상 문안 인사를 거른 적이 없으며 인수대비와 비슷한 나이에 비슷한 증상을 가진 사람을 찾아 자신이 공부한 한방 지식으로 직접 약제를 만들어 병의 상태를 관찰하기도 했다. 그리고 효과가 있다고 판단되면 임금이 손수 조제한 약을 들고 대비에게 바쳤다. 그런 정성으로 인수대비는 두 달 만에 완쾌된 모습으로 창경궁으로 환궁했다.

최양선의 주장처럼 종묘 귀신들의 기운이 강해서 그런 것일까? "자손이 귀신에게 해를 입을 것이고 과부나 고아가 될 운명이 많을 것이다"라는 최양선의 말이 임금의 귓가에 맴돌았다. 일찍이 풍수의 대가 최양선이 세종에게 보고하길, 수강궁(창경궁)터는 죽은 조상들의 영혼 위를 올라탄 형국이니 장차 자손이 귀신에게 해를 당하고 또 고아와 과부가 날 형세라 그 기운을 막기 위해 종묘와 창경궁 연결 통로에 소나무를 그윽하게 심어야 한다고 했다. 그의 말을 듣고 세종은 그 주변에 소나무를 가득 심었다.

성종 시절에는 창경궁에서 주로 연회가 열렸지만, 연산군 시절에는 참혹하게 죽은 사람들의 한이 곳곳에 어리기 시작했다. 1504년(연산 10년) 3월 20일 창경궁에서 역사상 가장 잔혹한 일이 벌어진다. 선왕의 후궁 정씨와 엄씨가 폐비 윤씨를 미워하고 핍박했다는 말을 들은 연산군이 배다른 형제 안양군 이항과 봉안군 이봉에게 칼을 씌워 장 80대를 때리게 한 뒤 창덕궁에서 창경궁으로 끌고 온 것이다. 만

226

신창이가 된 두 사람이 창경궁 통명전 뜰에 나타난 시각은 새벽 세 시경이었다. 연산군은 두 사람을 통명전 뜰에 있는 나무에 묶어놓은 뒤 발로 밟고 몽둥이로 때려 거의 실신하게 했다. 그리고 정씨와 엄씨에게 가마니를 씌워 묶은 뒤 이항과 이봉에게 몽둥이를 쥐어주고 때리게 했다.

이항은 어두워서 누군지 모르고 몽둥이를 내리치고, 이봉은 어머니임을 눈치채고 차마 때리지 못했다. 그러자 이를 불쾌하게 여긴 연산이 사람을 시켜 마구 때리게 해 결국 두 여인은 죽고 말았다. 흥분한 연산은 손에 긴 칼을 들고 자순대비(성종의 계비 정현왕후)의 침전인 창경궁 통명전 앞으로 가 큰 소리로 외쳤다.

"빨리 뜰 아래로 나오시오!"

무서움에 떨던 궁녀들이 모두 흩어져 달아났고 대비는 나오지 않았다. 놀란 왕비 신씨가 연산 앞에서 울면서 애원해 대비는 겨우 위험에서 벗어날 수 있었다.

연산은 항과 봉의 머리털을 움켜잡고 이번에는 인수대비(성종의 생모)의 침전인 창경궁 경춘전으로 갔다. "사랑하는 손자가 드리는 술잔이니 한번 맛보시오"라고 하며 항을 독촉하여 잔을 드리게 하니, 대비가 떨리는 손을 내밀어 술잔을 받았다. 연산은 "대비는 어찌하여 우리 어머니를 죽였습니까?"라고 불손하게 말했다. 그리고 내수사를 시켜 엄씨와 정씨의 시신을 가져다 찢어 젓을 담게 하고 들과 산에 흩어버

통명전 전경
이곳에서 연산군은 광란의 살인을 저질렀다.

리게 했다.

《실록》의 기록이 사실이라면 연산은 역사상 가장 포악한 군주라는 오명을 받을 만큼 잔인한 일을 저지른 것이다. 아버지의 후궁을 찢어 죽이고 그 시신으로 젓갈을 담아 창경궁 주변 산과 들에 뿌렸으니, 폭군의 광기가 창경궁 곳곳을 귀기 어린 곳으로 만든 셈이다.

연산은 1504년 4월 한 달 동안 폐비의 일로 매일 창덕궁에서 사람을 죽이고 창경궁 대비들에게 무례하게 굴었다. 4월 27일 연산군의 할머니 인수대비가 창경궁 경춘전에서 죽었다. 폐비의 일로 할머니 인수대비에게 대들던 연산군이 화를 참지 못하고 머리로 인수대비의 가슴을 들이받아 절명케 한 것이다.

"창경궁을 경복궁 규모까지 확대하라!" (1505년 7월 14일)

1504년 7월, 창경궁 주변으로 사람들을 통행하지 못하게 하고 도성의 동소문(혜화문)까지 궁궐을 넓혔다. 또한 창경궁 후원에 높이가 백여 척이나 되는 누대를 쌓고 이름을 서총대라 했는데, 그 위에 천여 명의 사람이 앉을 수 있을 만큼 규모가 어마어마했다. 1505년 창경궁은 창기들이나 운평(아름다운 처자로 임금과 잠자리를 하는 여자)과 흥청(얼굴과 몸매가 뛰어난 기생)들을 발탁하고 교육하는 곳으로 쓰였다.

1505년 10월 26일 연산은 자순대비를 경복궁으로 이어하게 했다. 대비가 있는 공간에서 윤락 행위를 하는 것이 불편했을 것이다.

창경궁에 어린 두 여인의 한

1575년(선조 8년) 1월 2일 새벽 다섯 시 무렵 인순왕후 심씨가 창경궁 통명전에서 숨을 거두었다. 선조는 그날 바로 통명전에 빈소를 차렸다. 눈이 소복하게 내린 밤 인순왕후는 밤새 생과 사의 갈림길을 헤매다 명종의 유일한 아내였던 삶도, 유일한 아들 순회세자를 먼저 보낸 어미의 슬픔도 내려놓았다. 밤새 내린 눈이 통명전 기와에 소담스럽게 쌓였다. 평생 임금의 사랑을 독차지했던 여인. 몇 명의 후궁을 들였지만 명종이 진심으로 사랑한 사람은 정비 인순왕후뿐이었다.

1567년 6월 28일, 고작 서른네 살이었던 명종은 후사도 만들지 못하고 죽었다. 후사가 없던 왕실에서는 임금의 갑작스런 죽음에 당혹스러움을 감추지 못했다. 불과 한 해 전, 임금의 죽음이 임박해지자 왕비는 서둘러 하성군 이균(선조의 이름)을 후계자로 세웠다. 그런데 임금은 갑자기 자리를 털고 일어나 왕비를 심하게 꾸짖었다. 그리고 일 년 뒤 임금의 병은 그리 심각하지 않았다. 그래서 시약청도 임금이 승하하기 고작 6시간 전에 설치됐다.

왕의 죽음을 확인한 영의정 이준경은 중전에게 후계 군주를 물었다. 인순왕후는 흰 종이 위에 '하성군'이라고 써서 그에게 보여주었다. 종이를 받아든 이준경은 도승지를 대동하고 덕흥군의 집으로 가서 후계 군주의 안위를 확인했다. 하성군은 군사들의 호위를 받으며 검은 가마를 타고 경복궁에 들어왔다. 사람들이 모두 자는 시각, 달도 없는 캄캄한 밤에 들어온 것이다. 적통 승계가 깨지고 처음으로 방계의 후계자가 임금 자리에 오르는 선례를 만든 것이다. 정통성이 약한 어린 군주를 임금으로 세웠지만 인순왕후가 수렴청정을 한 것은 고작 7개월 정도였다. 인순왕후는 시어머니 문정왕후가 어린 임금 위에 오랫동안 군림했던 역사의 교훈을 깊이 새겼다. 그래서 이황, 기대승 등 훌륭한 신하들의 뜻을 그대로 믿고 따랐으며 7개월 만에 수렴청정도 거두었다.

인순왕후는 17세의 젊은 조카에게 권좌를 물려주고 통명전에서 7

년을 살다 숨을 거두었다. 권력을 조카에게 넘겨주자 인순왕후를 찾는 사람이 없었으며 그녀 역시 특별히 보고 싶은 사람은 없었다. 더군다나 사림 세력들이 정치 전면에 나서면서 1572년(선조 5년) 2월 8일 조식이 "자전께서 생각이 깊다고 하지만 역시 깊은 궁중의 한 과부에 불과합니다"라며 임금이 인순왕후에게 간혹 조언을 듣는 것조차 맹렬히 비난했다. 이에 심기가 불편해진 인순왕후는 통명전에서 두문불출했다.

선조는 죽은 인순왕후의 얼굴을 보고 화들짝 놀랐다. 통명전 기와 위에 쌓인 눈처럼 머리카락은 하얗게 세어 있었고, 인자한 모습은 여전했지만 얼굴 곳곳에는 세월의 무게에 짓눌린 흔적이 묻어 있었다. 감정 기복이 심한 임금은 자신의 불효를 용서해 달라고 피눈물을 흘렸다.

인순왕후는 돌 구슬 한 쌍을 유품으로 남겼다. 임금은 그 구슬을 어루만지며 고독함을 달랬을 대비가 생각나 며칠 동안 눈물을 삼켰다. 고마운 여인이었다. 선조는 복잡한 정사를 뒤로 하고 인순왕후가 혼자 쓸쓸하게 지낸 7년을 생각하며 통명전과 가까운 환경전에서 충실하게 여묘살이(부모의 묘소 근처에 여막을 짓고 살면서 묘소를 지키는 일)를 했다. 새벽 다섯 시면 어김없이 일어나 통명전에 들어가 통곡을 했다. 대비가 죽은 지 5일 만에 대렴을 하던 중, 곡을 하던 선조의 입안에서 콩알 크기의 핏덩이 다섯 개가 튀어나왔다. 슬픔에 잠겨 며칠 동안 음식을 먹지 않은 탓에 몸 상태가 나빠져 생긴 일이었다. 그런데 일부에서는 그것이 통명전의 음산한 기운 때문이라며 문정전으로 빈전을 옮기자고 주장했다. 1월 10일 결국 통명전에서 문정전으로 빈전을 옮겼는데, 이때 대비의 사망 이유가 밖으로 드러나게 되었다.

1574년 12월 17일, 대비가 승하하기 45일 전의 일이다. 선조는 창경궁에 계시는 대비의 병환이 위독하다는 이야기를 들었다. 선조는 그때 경복궁에서 인성왕후(인종의 정비)에게 문안을 드리고 있었다. 놀란 임금은 승지들에게 창경궁으로 갈 채비를 서두르라 명했다. 하지만 어쩐 일인지 승지들은 한사코 임금의 이동을 막고 있었다. 다음 날 옥당(홍문관)에서 병문안을 막은 승지들을 벌주어야 한다고 주장했지만 임금은 "그럴 만한 이유가 있다"는 말만 되풀이했다.

그런데 윤12월 11일 《실록》은 인순왕후를 문안한 것은 임금이 아니라 옥당이라 적고 있다.

"옥당이 창경궁에 나아가 자전께 문안하니, 어제와 꼭 같다고 답하였다."

임금의 길을 막은 승지들에게 죄를 주어야 한다고 나선 그들이 임금 대신 문안을 드린 것이다. 이상한 일이었다.

윤12월 17일, 구토가 멈추지 않자 인순왕후의 거처를 서둘러 창경궁의 외처外處로 옮겼다. 그리고 결국 그 다음 해 1월 2일 인순왕후는 마흔넷이라는 나이에 숨을 거둔다. 나중에 밝혀진 일이지만 인순왕후의 사망 이유는 귀매 때문이었다. 통명전 귀매들에게 홀려 심신이 약해진 인순왕후가 결국 놀란 마음을 안정시키지 못하고 숨을 거둔 것이다. 그래서 귀기 가득한 통명전을 빈전으로 쓰지 않고 문정전으로 옮긴 것이다.

인순왕후가 죽기 전 두 달 동안 창경궁 통명전에서 일어난 귀매들의 활동은《실록》에 언급되지 않고 있다. 그러나 이때부터 통명전은 귀매들이 자리하고 있는 전각이라는 이야기들이 조심스레 흘러나왔다.

한편 명종의 유일한 아들인 순회세자의 아내 공회빈(나중에 덕빈으로 추존)은 창경궁 어딘가에 아직도 묻혀 있다. 공회빈은 1553년 윤옥의 딸로 태어났다. 일곱 살 어린 나이에 순회세자에게 시집온 윤씨는 1563년 세자가 숨을 거두자 불과 열세 살 어린 나이에 청상과부가 되어 마흔 살까지 살다 죽었다.

공회빈이 죽은 것은 1592년 2월 22일, 임진왜란이 일어나기 두 달 전이다. 공회빈의 시신은 재궁에 안치되어 통명전에 머물고 있었다. 그런데 갑자기 임진왜란이 일어난 것이다. 적들이 쳐들어오는 속도가 너무 빨라 선조는 1592년 4월 30일 새벽 창덕궁 인정전에서 피란길에 올랐다. 공회빈의 재궁이 창경궁 통명전에 있음을 뒤늦게 떠올린 선조는 당시 임금의 피란길을 인도하던 유도대장 이양원에게 공회빈의 시신을 궁궐 근처에 임시로 매장하라고 지시한다. 그런데 이양원은 잇따른 패전 소식과 임금이 요동으로 망명한다는 말에 울분을 참지 못하고 단식 끝에 죽고 만다. 그래서 공회빈의 시신이 묻힌 곳이 어디인지 전해지지 않게 됐다.

1594년 다행히 한양을 되찾은 선조는 공회빈의 기일인 2월 22일 시신을 찾으라 지시한다. 임금은 최상궁이라는 여인이 공회빈을 염하고 묻은 곳을 잘 알고 있다는 보고를 받고 그녀를 찾아 올라오게 했다. 1595년 6월 2일, 좌의정 김응남이 최상궁을 대동하고 매장한 곳을 파본 뒤 임금에게 이렇게 보고했다.

"묏자리 터를 보고 군인에게 파보게 하니, 깊이는 포백척布帛尺으로 한 자쯤 되었고 단지 썩은 지푸라기가 깔려 있을 뿐 증거가 될 흔적은 없었습니다. 다만 매장한 곳 옆으로 석 자쯤 되는 곳에 썩은 뼈 두개가 있었는데 하나는 길고 하나는 짧았습니다. 경험 있는 사람들에게 물어보니 골절이 작고 가늘어 사람의 뼈 같지는 않다고 합니다. 일이 중대하니 사람의 뼈를 잘 아는 의관을 불러 살펴보는 것이 좋을 듯합니다."

임금이 뼈 두 개를 수습해서 확인하게 했으나 사람의 뼈가 아님이 밝혀졌다. 임금은 눈물을 흘리며 참혹한 마음을 금할 수 없다는 말만 되풀이했다.

전쟁이 완전히 끝난 1601년 4월 25일, 선조는 공회빈의 신주를 종묘에 배양하기로 했다. 하지만 종묘에 신주를 배양하기 위해서는 궁궐에 혼전을 설치해서 3년 상을 치러야 한다는 예조의 말을 듣고 미룬다. 그리고 1603년 3월 22일, 마침내 순회세자와 공회빈 윤씨의 신주를 종묘에 안치한다.

시신은 찾지 못한 채 신주만 모신 것에 대한 여인의 한 때문이었을까? 병자호란이 끝나고 1637년(인조 15년) 2월 14일 남한산성에서 돌아온 인조는 황당한 보고를 받는다.

"종묘의 신주 한 위를 잃어버렸고 사직의 위판(죽은 사람의 이름)을 받치는 돌도 잃어버렸습니다."

많은 신주 가운데 하나만 없어진 것도 이상했고 그것이 하필 공회빈의 신주라는 것도 이상했다. 얼마 뒤 임금은 순회세자의 영혼을 감안해 부부 두 사람의 신주를 다시 만들라고 지시한다.

인순왕후 심씨와 공회빈 윤씨는 시어머니와 며느리 사이다. 시어머니는 통명전 귀매에 홀려 시름시름 앓다가 숨을 거두었고, 며느리는 통명전에 시신이 안치된 뒤 산릉 발인 전 전쟁이 터지는 바람에 시신이 분실되어 그 뒤로 영원히 찾지 못하고 만다. 한을 품은 두 여인의 영혼이 통명전 주변을 오랫동안 맴돌았을지 모른다.

궁궐 귀신에게 쫓긴 광해군과 인조의 콤플렉스

1608년 2월 1일 선조가 갑작스럽게 죽는다. 예상치 못한 죽음이었다. 임금의 죽음을 의심하는 사람들 사이에서는 광해군이 독살했다는 말이 돌았다.

선조의 죽음으로 왕위에 오른 광해군은 창덕궁으로 이어하기를 원했다. 하지만 전쟁으로 불타버린 궁궐은 오랜 시간 동안 공사를 해야 할 정도로 흉한 상태였다. 1611년 10월 4일 드디어 창덕궁으로 광해군이 이어했다. 그런데 얼마 뒤 광해군이 창덕궁을 버리고 다시 정릉동 행궁(이때부터 경운궁으로 불림)으로 돌아간다고 하여 신하들과 팽팽하게 대립했다. 신하들이 경운궁은 행궁이니 창덕궁을 지키고 있어야 한다고 주장했지만 임금은 오랫동안 폐허로 있었던 궁궐이 음산하고 싫었다.

사람들은 임금이 궁궐 귀신에게 쫓겨 다닌다고 생각했다. 1615년 (광해군 7년) 3월 9일과 10일 《실록》에는 대궐 안 동궁 자리에서 방포할 것을 군기시에 명한다는 기록이 계속해서 등장한다.

"화포장火砲匠 20여 명을 관원이 거느리고 오는 10일부터 연이틀 동안 대궐 안 동궁에서 방포하라.' 이때 궁내에 요변妖變이 있었기 때문에 화포를 놓아 진압하였다."

'궁내의 요변'이란 무슨 일일까? 궁녀들끼리 서로 미쳐 날뛰다가 목 졸라 죽인 일이 있었다는 소문이 돌았다. 당시 광해군이 머물던 곳은 정릉동 행궁이었다.

그해 4월 2일 광해군은 서둘러 다시 창덕궁으로 거처를 옮긴다. 그

236

런데 창덕궁 대조전에서 머물던 광해군은 어둡고 불편하여 오래 머물 형편이 못 된다며 창경궁으로 이어할 준비를 하라고 지시한다. 그리고 창경궁으로 이어한 후에는 다시 두려움에 떨었다. 우선 창경궁 명정전이 궁궐 입구인 홍화문과 너무 가까워 불측한 무리들이 화살로 공격하면 암살을 당할 위험이 있다고 걱정했다. 실제 창경궁은 입구에서 왕이 정사를 펴는 곳까지가 너무 가깝고 또 일직선으로 되어 있어 활로 충분히 해를 입을 수 있었다. 광해군은 창경궁뿐 아니라 창덕궁도 꺼려했다. 단종과 연산군이 왕위에서 쫓겨난 곳이 바로 창덕궁이었기 때문이다.

"요귀의 재앙이 지금 창경궁에서 창덕궁으로 옮겨지고 있다. 지난번 창덕궁 동궁에서 벌어진 요괴스런 변고 때문에 이제 다시 창덕궁을 떠나고 싶다. 그런데 가면 어디로 간단 말인가?"(1618년 5월 16일)

광해군은 1618년 "대궐에서 요괴스런 변고가 일어났다"고 세 번이나 언급했다. 특히 그해 10월 16일과 20일 사이에는 "지금도 귀물과 요변이 속출하는 이 궁궐에서 거주해야 하니 참담하다. 서둘러 경덕궁을 짓기 바란다"는 말을 반복했다. 그 요괴스런 변고는 주로 창덕궁 동궁에서 일어난 것이다.

광해군은 태종처럼 거처를 옮겨 다니는 병에 걸린 듯했다. 창경궁과 창덕궁, 경운궁(덕수궁) 등을 옮겨 다니다 경복궁 서편으로 경덕궁(지금의 경희궁)을 짓게 하고 또한 황제가 태어날 길지가 바로 인왕산 아래라는 이야기를 믿고 그곳에 인경궁을 짓게 했다. 그는 안평대군의 무계정사처럼 편안하고 한적한 궁궐에서 살고 싶었다. 그러나 인경궁이 거의 완성될 무렵 그는 권좌에서 쫓겨나고 말았다.

"전날부터 바람이 불고 운애가 끼어 성안이 낮에도 어두웠는데 반정군이 문 안으로 들어오자 갑자기 바람이 멈추고 구름이 걷혀 달빛이 대낮처럼 밝았다. 왕이 창덕궁 북쪽 소나무 숲속으로 도망가 사다리를 놓고 담을 넘었다. 젊은 내시의 등에 업힌 임금은 궁녀 한 사람의 안내를 받으며 사복시 개천가에 있는 의관 안국신의 집에 숨어 들었다. 세자 이질은 왕을 뒤쫓다가 찾지 못하고 장의동 민가에 숨었다."

1623년 3월 12일, 반정이 일어난 날의 모습이다.

반정으로 경운궁에서 인목대비의 명에 따라 등극한 인조는 창덕궁이 불타는 바람에 이현궁(광해군의 잠저)에서 머물렀다. 그리고 이 별궁의 이름을 계운궁으로 고쳤다. 계운궁은 인조의 생모를 추존해서 부른 이름이다.

광해군이 만든 궁궐들은 인조와 그의 식구들이 거주하는 곳이 됐다. 광해군이 편안하고 아늑한 공간을 갖고자 인왕산 아래에 건설했던 인경궁에서는 인목대비가 숨을 거둘 때까지 거주한다. 1632년 6월 28일 인목대비가 숨을 거두었을 때 대비의 빈전은 인경궁에 있었다. 그런데 인조가 인경궁에 빈전을 설치할 수 없으니 어둠을 틈타 경덕궁으로 옮겨 모시라고 지시한다. 인경궁까지 이동하기 불편해서 그런 결정을 내렸을까? 인조의 속내는 다른 것 같다. 인경궁터가 왕손에게 명당이라는 이유로 그곳에는 주로 왕자들이 거주했다. 그러니 빈전을 인경궁에 두기는 싫었을 것이다.

인조는 집권 10개월 만에 이괄의 난을 당한다. 또한 청나라로부터 공격을 받아 정묘호란(1627년)과 병자호란(1636년)이라는 두 번의 큰 난리를 겪는다. 전쟁을 세 번이나 치른 인조는 두려움과 열등감으로 똘똘 뭉친 군주가 됐다. 임금은 모든 사람을 의심하는 병에 걸려 있었다. 그래서 결국 아들 소현세자와 며느리 그리고 손자들을 죽였다.

1633년(인조 11년) 7월 25일, 임금은 통명전으로 거처를 옮겼다. 창덕궁에 유일하게 남은 정전인 인정전에 벼락이 치고 기둥 네 개가 부러지는 화를 당하자 신하들이 서둘러 임금의 거처를 창경궁에서 가장 넓은 전각인 통명전으로 옮긴 것이다. 궁궐 기둥이 벼락에 부러지면 임금이 급사한다는 속설이 있었지만, 다행히 인조는 침을 맞고 완쾌됐다. 인조는 오랫동안 창경궁 통명전과 양화당을 오가며 기거했다. 그해에는 궁궐 토목공사가 유난히 많았다. 대비와 왕자들이 거처하던 인경궁이 너무 넓고 화려하다는 이유로 전각의 지붕들을 일부 뜯어다 창덕궁 궁궐 조성에 쓰기도 했다.

1635년 12월 5일 왕비가 대군을 생산하였는데, 그날 대군이 바로 죽었다. 그리고 왕비 역시 나흘 뒤 산실청이던 창경궁 여휘당에서 숨을 거두었다. 그 여인이 바로 인조의 첫째 부인이며 한준겸의 딸인 인렬왕후다. 갑작스럽게 죽은 왕비의 한 때문일까? 죽은 뒤 대렴을 마치고 시신을 재궁에 안치했는데 재궁 뚜껑에 틈이 생기는 이변이 일어났다.

1639년 가을, 임금은 창경궁 양화당에서 이형익에게 침을 맞고 있었다. 인조는 전쟁 중에도 이형익에게 침을 맞았다. 그의 침을 맞으면 답답한 것이 풀리고 시원했다. 가을장마 때문인지 벼락이 내리치고 있었다. 임금은 갑자기 2년 전 그날이 생각났다. 머리를 땅에 박으며 청나라 황제에게 항복하고 창경궁으로 돌아오는 길, 거리마다 시체들이 가득했고 시체 썩는 지독한 냄새 때문에 숨을 쉴 수 없었다. 창경궁 안에서 청나라 군사들이 밥을 먹고 있었다. 그들은 조선의 국왕을 보고도 예를 표하지 않았다. 오히려 고개를 숙인 것은 임금이었다.

이형익에게 침을 맞으며 임금이 말했다.

"온몸에 쇠꼬챙이가 박혀 있는 것처럼 고통스러워 간밤에 잠을 이루지 못했다."

며칠 뒤 통명전 주변에서 쇠꼬챙이를 비롯해 갑옷, 칼, 창 등 임금을 저주하는 여러 가지 물건들이 다량으로 발견됐다. 궁궐 전체를 샅샅이 수색하라는 어명을 받고 전체 궁궐에서 대대적인 발굴이 있었는데 시어소(임금이 피란에서 돌아온 임시 행궁, 즉 덕수궁)에 14곳, 동궁에 12곳, 인경궁에 26곳, 경덕궁에 4곳이나 되었다.

한쪽에서는 범인을 세자궁의 궁녀로 몰아가는 음모가 진행되고 있

240

었다. 궐 밖에서 품삯을 받고 대궐 일을 하는 서향이라는 여인이 그 흉물들을 바깥에서 몰래 들여와 세자궁에서 일하는 기옥이라는 궁녀에게 전해주었다는 것이다. 왕과 세자 사이를 이간질하려는 세력들은 자신들이 원하는 방향으로 사건을 조작했다. 두 여인은 결국 고문에 못이겨 죽고 말았다.

"저는 세자궁의 궁녀로 홀로 빈 동궁을 지키면서 해가 뜨나 달이 뜨나 다만 세자께서 돌아오시기를 축원하였을 뿐입니다."

1639년 9월 2일 기옥이 죽으면서 한 말이다.

그들의 계획대로 임금은 세자를 미워하기 시작했다. 1645년 2월 18일 소현세자가 돌아왔다. 하지만 인조는 자신의 무능함으로 오랫동안 청나라에 볼모로 잡혀 있던 아들이 돌아오는 날인데도 마중을 나가지 않았다. 아버지는 아들이 아니라 정치적 라이벌을 맞은 것 같은 행동을 했다.

"만일 너에게 무슨 일이 생긴다면 인질로 삼은 너의 아들을 왕으로 삼으리라!"

청나라 황제의 이 말이 늘 인조의 마음을 불안하게 했다.

소현세자는 고국에 돌아온 지 두 달 만인 1645년(인조 23년) 4월 26일 창경궁 환경당에서 숨을 거두었다. 세자는 임금이 총애하던 어의 이형익에게 이틀 동안 침을 맞고 그 다음 날 죽었다. 염을 하기 위해 시신 위에 검은 천을 덮어놓았는데 반쯤 보인 세자의 얼굴이 검은 천

창경궁 명정전
인조가 병자호란을 겪은 뒤 한동안 머물며 정사를 펼쳤으며, 소현세자
가 급사한 뒤 동생인 봉림대군이 이곳에서 세자로 등극했다.

과 구별이 가지 않을 만큼 까맣게 탄 상태였다. 시신이 그렇게 까매지
는 것은 약물중독 때문이다. 그런데 공식적인 사인은 학질(말라리아)이
라고 했다. 늦은 봄날 세자를 문 모기는 도대체 어떤 놈이었을까?

소현세자가 의문사한 뒤 세자빈 강씨 역시 시련의 날들을 겪었다.
모진 고문을 통해 세자빈 소속의 궁녀들을 역모로 몰아가려는 세력들
의 음모였다. 궁녀 계향과 계환은 강빈을 살리기 위해 죽는 순간까지
고문자들이 요구하는 자백을 하지 않았다. 계향과 계환이 죽고 보름
뒤인 1645년 9월 27일, 봉림대군(효종)이 세자로 등극하는 의식이 창
경궁 명정전에서 열렸다.

남편을 잃고 수족처럼 부리던 궁녀들이 죽은 뒤 세자빈 강씨는 그야말로 바늘방석에 앉은 사람처럼 좌불안석하고 있었다. 친정아버지는 죄인의 몸이 되어 귀양을 갔다. 1646년(인조 24년) 1월 1일, 새해가 시작되자 강씨의 목숨을 노리는 음모가 본격적으로 진행됐다. 인조가 먹던 수라에서 독극물이 검출됐다. 은수저에 노란 기운이 퍼지다 갑자기 붉은 기운까지 번진 것이다. 임금은 그 음식을 며느리 강씨의 궁녀들에게 먹게 했다. 한 궁녀가 그 자리에서 즉사했다. 다섯 명의 궁녀가 또 잔혹한 고문으로 숨을 거두었다. 세자빈 소속의 궁녀들이 고문을 받다 죽어간 곳이 창경궁 통명전 앞 우물이 있던 자리다.

마지막 과녁인 강씨에게 죽음의 그림자가 드리워졌다. 1646년 3월 15일, 검은 가마 하나가 늦은 밤 선인문을 급하게 빠져나가고 있었다. 그 안에는 강씨가 입을 가린 채 몸이 묶인 죄인의 신분으로 앉아 있었으며, 가마는 강씨의 친정으로 향하고 있었다. 친정에 당도하자 의금부도사가 사약을 준비하고 있었다. 강씨는 사발을 들고 하늘을 한 번 올려다보았다. 보름달이 환하게 자신을 비추고 있었다. 사약 사발을 단숨에 비운 강씨는 아랫배부터 올라오는 독 기운을 참기 위해 입을 꾹 다물었다. 내뿜으면 고통이 더 오래 지속된다는 것을 알고 있던 여인이다.

강빈이 죽던 날, 창경궁 뒷산에는 부엉이들이 몰려와 밤새 울었다. 대궐에서는 강빈의 죽음을 철저하게 비밀로 했지만 이미 소문은 도성 전체에 퍼져 있었다.

죽은 여인의 한은 차곡차곡 쌓였다. 강빈이 죽은 뒤 인조는 강빈의 칠순 노모를 처형시켰으며 죽은 아버지 강석기를 삭탈관직했다. 잔인한 임금 인조는 소현세자와 강빈 사이에서 태어난 세 명의 손자를 모두 제주도로 귀양을 보내버렸다. 결국 그들 세 명 가운데 두 명은 병사했으며 3년 만에 풀려난 막내 또한 3년 만에 병으로 죽었다.

귀매들이 날뛰는 통명전

인조의 두 번째 왕비 장렬왕후 조씨는 어릴 때 창경궁 주변 낙산에서 살았다. 조씨가 열다섯 살 때 무지개가 낙산 위에 곱게 걸렸다. 무지개가 뜬 그날 대궐에서 사람이 나왔다. 그렇게 해서 조씨는 스물아홉 살이나 많은 임금에게 시집을 갔다. 1638년 12월 3일, 왕비를 맞은 첫날밤 통명전에 신방을 차렸다. 통명전은 첫 번째 왕비가 죽은 뒤 3년 동안 빈방으로 있었다. 궁녀들은 그 빈방에서 이상한 소리가 난다고 두려워했다. 첫날밤, 임금은 너무 성급했다. 임금이 너무 무서웠던 조씨는 그날 이후 임금을 피했다.

그 무렵 통명전 위에 흰 무지개가 자주 떴다. 임금은 음의 기운이 예사롭지 않다며 창경궁 명정전에서 재숙齋宿했다. 새로 맞은 왕비가 임금을 피한다는 소문이 돌았다. 왕비가 석녀石女라는 이야기도 들렸다. 그때 임금은 두 후궁의 품계를 하나씩 올려주었다. 왕비는 홀로 쓸쓸히 보내는 시간이 많아졌고, 1644년 스무 살 어린 나이에 통명전에서 풍을 맞았다.

1645년 10월 9일 임금이 신하들에게 말했다.

"바깥에서 왕비가 본시 풍을 앓아왔다는 말이나 소용 조씨의 이간질로 다른 방에 별거하고 있다는 말은 다 거짓이다. 풍을 맞은 해, 어의 최득룡 등을 불러 치료하게 했으나 낫지 않고 있다."

1645년 11월 2일 왕비의 거처를 경덕궁(경희궁)으로 옮겼다. 쓸쓸한 행렬이었다. 《실록》은 백성들이 홀로 경덕궁으로 가는 왕비를 보며 슬퍼했다고 적고 있다.

다음 해 설날, 세자는 풍으로 홀로 누워있는 계모에게 가서 문안을 올렸다. 그 뒤로 한 달에 서너 번은 꼭 경덕궁에 가서 문안을 올렸다. 그리고 즉위한 지 2년 만에 대비가 홀로 거처하는 경덕궁으로 이어하고 2년을 함께 생활한 뒤 창덕궁 만수전으로 왕대비의 거처를 옮겼다. 효종은 종종 잔치를 열어 왕대비를 위로했다.

장렬왕후가 죽기 한 해 전 거처하던 창덕궁 만수전이 화재가 났다. 모두가 깊이 잠든 밤이었던 데다 창덕궁에서도 아주 깊은 곳에 있던 만수전이라 장렬왕후는 하마터면 불길 속에서 죽을 뻔했다.

1687년 9월 13일, 장렬왕후가 창경궁 통명전으로 환궁했다. 인조와 결혼한 지 4년 만에 풍을 맞고 44년을 돌아다니다 다시 도깨비와 귀신들이 많은 통명전으로 들어온 것이다. 일 년 뒤인 1688년 8월 26일 장렬왕후는 창경궁 내반원에서 생을 마감한다. 그런데 장렬왕후는 왜 통명전이 아니라 내시들의 거처인 내반원에 있었던 것일까? 통명전 귀매들의 공격이 계속되자 죽은 궁녀들의 저주를 피해 내시부 한복판에 있는 건물로 옮긴 것은 아니었을까?

한을 품은 귀신들이 통명전을 떠나지 않아서 그랬을까? 통명전의 귀매 이야기는 끊이지 않고 계속됐다. 인조의 계비 장렬왕후가 통명전에서 풍을 맞고 44년 동안 여러 궁을 돌아다니다 숨을 거둔 것처럼, 며느리인 인선왕후 역시 통명전의 새로운 주인이 된 뒤 귀매에 홀려 자기 수명을 다 누리지 못했다.

1664년(현종 5년) 12월 18일, 임금의 몸이 좋지 않아 창덕궁 희정당에서 침을 맞았다. 현종은 알 수 없는 통증으로 잠을 이루지 못하고 있었다. 현종의 병을 책임지던 약방 도제조 허적이 도깨비의 변고가 있다며 대비 인선왕후의 거처를 옮길 것을 권했다.

"전하! 자전께서 계시는 창경궁 안에 귀매의 변이 있는데 특히 통명전이 아주 심하다는 이야기를 들었습니다. 귀매에 놀란 궁녀들이 한둘이 아니니 이것을 어찌 환영이라 할 수 있습니까? 상황이 이러하니 자전의 궁을 다른 곳으로 옮기는 것이 어떻겠습니까?"

그러자 현종이 한숨을 길게 쉬며 말했다.

"나도 오랫동안 옮기자고 하였으나 자전께서 따르지 않으신다."

그리고 일 년 반이 지난 1666년 7월 18일《실록》에는 "임금이 궐내 요변 등의 일로 신하들과 논의를 했다"는 글이 보인다.

영의정 정태화가 임금에게 물었다.

"최근 대궐 내에서 귀신들이 요변을 일으키는 일이 있다고 들었습니다. 사실입니까?"

그러자 현종은 통명전의 도깨비 소동을 구체적으로 이야기한다.

"자전께서 거처하시는 통명전 근처에 정말 그런 일이 있었다. 돌덩이가 날아오거나 의복에 불이 붙거나 궁인의 머리카락이 잘리는 등의 일이다. 넓은 집이 오랫동안 비어 있었고 또 여인들이 모여 사는 곳이므로 순음(억울하게 죽은 처녀들의 기운)이 많이 모여 요사스러운 재앙이 생긴 것 같다."

1667년(현종 8년) 윤4월 18일《실록》에는 여전히 통명전에서 귀신과 맞서 싸우는 인선왕후를 걱정하는 현종의 말이 기록돼 있다.

"근래 궁중에 귀신의 변괴가 많았는데 자전께서 계시는 곳이 가장 불안하여 지난번 경덕궁으로 모셨다. 그러나 자전께서 창경궁을 계속 폐지해둘 수 없다고 하시며 다시 통명전으로 옮기셨는데 변괴가 여전하다. 그래서 경복궁 옛터에 간단하게 궁을 지으려 한다."

그런데 영의정 정태화가 임금의 말을 받았다.

"성상의 분부가 비록 절박한 데서 나왔다 하나 이 일은 가볍게 의

논할 수 없습니다. 양의 덕이 성하면 음의 사특함은 저절로 사라지는 법입니다. 이 시기에 갑자기 토목 역사를 행할 수는 없습니다."

75년 동안이나 버려져 있던 경복궁을 복원한다는 말에 깜짝 놀란 영의정이 단호하게 반대한 것이다. 인내심이 강한 인선왕후는 통명전에서 귀신과 당당히 맞서 싸웠고 봄과 여름, 온양 행궁에 머문 것 이외에는 귀매들이 가득한 그곳을 벗어나지 않았다. 임금의 간절한 요청을 받은 왕대비 인선왕후는 1671년 경덕궁에서 잠시 머물다 다시 창덕궁으로 옮겼다.

1672년 2월 9일, 인선왕후의 머리에 난 종기가 터져 자정 무렵 허적이 급히 들어와 뜸을 떴다. 그리고 경덕궁 회상전으로 이어한 뒤 숨을 거두었다. 젊은 시절 무척 뚱뚱했던 데다가 2년 동안 병석에 누워있으면서 몸이 더욱 비대해져 인선왕후의 재궁은 미리 크게 준비해놓았는데, 시신의 부기가 빠지면서 몸이 재궁보다 너무 작아져 문제가 되었다. 남편 효종은 재궁이 너무 작아 급하게 관의 폭을 넓게 덧이었으니 부부가 꼭 맞는 재궁을 갖지 못하고 저승으로 간 특이한 사례였다.

숙종의 모후 명성왕후도 통명전의 귀매들 때문에 고통을 겪었다.

1674년 8월, 숙종이 즉위했을 때 그는 열네 살이었다. 임금의 나이가 어렸으므로 왕대비 명성왕후가 잠시 수렴청정을 했다. 대왕대비가 풍으로 누워있는 바람에 왕대비인 명성왕후가 정치 전면에 나선 것이다. 그러나 조카 김석주를 비롯한 남인 정권이 숙종을 확실하게 보필

통명전 내부
통명전 안에는 여러 개의 방들이 있다. 숙종의 첫째 왕비 인경왕후는
이곳에서 산후 조리를 했다.

하자 수렴청정을 거두고 통명전에 머물면서 왕대비의 일상으로 돌아
갔다.

숙종과 왕비 인경왕후 김씨 사이에는 두 딸이 있었는데 모두 일
찍 죽었다. 그 후 열아홉 나이에 인경왕후는 다시 아이를 임신했다.
명성왕후는 이번 아이는 확실히 아들 같다는 말을 듣고 자신의 처소
인 창경궁 통명전 주변에 산실청을 마련했다. 그런데 1680년 7월 22
일 《실록》에 "왕비에게 유산할 징후가 있으니 약방에서 문안하고 약
을 의논하라"는 기록이 보인다. 그리고 이틀 뒤인 7월 24일 명성왕후
는 왕비의 유산이 통명전 도깨비들 때문이라는 충격적인 글을 약방에
전달한다.

"지금 밖에서는 무슨 재앙인지 알지 못하는데, 왕비가 침전에서 도깨비를 보고 놀란 나머지 하혈하고 낙태한 사고를 전한다."

다시 통명전에 도깨비들이 날뛰기 시작한 것이다. 왕비는 아이를 유산하고 얼마 지나지 않아 천연두를 앓기 시작했으며 발병 8일 만인 1680년 10월 26일 경덕궁 회상전에서 숨을 거두었다. 인경왕후가 위독하자 명성왕후는 며느리를 데리고 경덕궁으로 이어했지만 죽음을 막지는 못했다. 며느리가 죽은 뒤 창덕궁 집상전에서 기거하던 명성왕후는 다시 창덕궁 저승전으로 옮겨져 4개월 만에 숨을 거두었다.

창경궁 통명전은 17세기에 대비들이 주로 거처하는 곳이었는데, 이곳에 머물던 여인들은 계속되는 귀매들의 공격에 제명을 다 누리지 못했다. 통명전은 숙종 시절 임금의 신임을 받으려는 서인과 남인이 여인들을 전면에 내세워 처절한 혈투를 벌인 곳이기도 하다. 숙종의 두 번째 왕비인 인현왕후는 임금이 희빈 장씨에게 몰두하는 바람에 왕비의 자리에서 쫓겨나 친정에서 생활했던 비운의 여인이다. 그런데 한낱 무수리였던 숙빈 최씨가 숙종의 마음을 얻으면서 서인이 다시 정권을 잡고 인현왕후도 왕비로 복권되는 데 성공한다.

1699년 윤7월 4일 숙종은 거처를 창경궁 경춘전으로 옮겼으며 인현왕후는 창경궁 통명전에 다시 들어와 살게 됐다. 하지만 통명전에서 기거하던 인현왕후는 알 수 없는 병에 시달리다 숨을 거두고 말았다. 인현왕후의 죽음이 누군가의 저주 때문이라고 생각한 숙종은 통명전

250

주변을 수색하게 한 뒤 저주의 흉물들을 발견한다.

통명전 주변에서 나온 흉물들이 모두 희빈 장씨의 소행이라고 생각한 숙종은 장씨에게 사약을 내린다. 1701년 10월 9일 숙종은 죽지 않겠다고 발악하는 희빈 장씨의 입에 직접 사약을 넣어 죽였다. 《실록》은 희빈 장씨가 이미 자진했다고 기록하고 있지만, 당시 궁녀가 기록했던 궁중소설 《인현왕후전》에는 숙종이 끝까지 자신의 죄를 인정하지 않는 희빈 장씨의 입을 벌리고 사약을 억지로 먹이는 장면이 상세히 기록돼 있다. 그렇게 죽음에 끝까지 저항했던 장희빈이 죽은 현장 역시 통명전이다.

이렇게 해서 통명전은 "자손들이 귀신들에게 부림을 당할 곳"이라는 창경궁터에 대한 불길한 예언의 중심 전각이 되었다.

영조는 창경궁에서 장남 효장세자가 죽자 그 주변을 수색하게 해 또다시 흉물들을 발견한다.

"창경궁 근처에는 말끔하고 깨끗한 땅이 한 조각도 없다."

영조가 창경궁에 묻힌 흉물들을 보고 탄식하며 했던 말이다. 1730년 8월 8일, 영조는 흉물을 묻은 땅의 흙이 귀신을 부른다며 모두 버리게 했는데 언덕 하나가 만들어질 정도의 양이었다고 한다. 영조와 창경궁의 악연은 그 후 결국 사도세자가 창경궁 선인문 앞 회화나무 근처에서 8일 동안 뒤주에 갇혀 있다 죽는 것으로 끝을 맺는다.

1790년 1월 1일, 원인을 알 수 없는 화재로 통명전이 불타버렸다.

1837년(헌종 3년) 2월 26일 통명전에서 삼간택을 했다는 기록을 통해 약 40년이 지난 뒤에 불탄 전각이 복원되었다는 것을 알 수 있다. 그러나 과거처럼 사람이 거주하는 공간보다는 빈전이나 혼전 혹은 특별한 날 잔치가 열리는 연회 공간으로 이용되었던 것으로 보인다.

1395년(태조 4년) 9월 29일

경복궁이 완공됐다. 공사 시작 1년 만의 일이다. 공사가 거의 막바지에 이를 무렵인 9월 9일 중양절, 신덕왕후가 경복궁 후원에 나가 궁궐 공사를 하는 여러 중들과 목공·석공들에게 음식을 베풀었다.

1396년(태조 5년) 8월 13일

태조 이성계의 두 번째 아내이자 조선 최초의 국모인 신덕왕후 강씨가 죽었다. 이성계의 다섯째 아들 정안군 이방원에게 여종(나중에 태종의 후궁이 된 효빈 김씨)을 빼앗긴 뒤 화를 참지 못하고 죽은 것이다.

1396년 11월 1일

중군中軍의 둑기纛旗가 스스로 움직였다.

군사들의 사기를 높이는 상징적인 깃발인 둑기가 바람도 통하지 않는데 심하게 펄럭였다고 한다. 그 무렵 도성에는 안개가 자주 끼었는데 이런 모든 것들이 신덕왕후가 죽은 후에 일어난 일이라 사람들이 괴이하게 여겼다.

1398년(태조 7년) 4월 23일

경복궁의 새 전각들이 어둡고 칙칙해 궁궐 도색을 다시 하게 했다. 이때 도색에 쓰인 기름이 400말이었다.

1398년 8월 23일

천둥번개가 치고 우박이 내리며 흰 무지개가 떴다. 흰 무지개가 나타난 것은 하늘이 불길한 정변이 일어날 것을 예고하는 것이다.

1398년 8월 26일

제1차 왕자의 난이 일어났다. 이날 정안군 이방원이 군사들을 일으켜 정도전 등 태조의 측근들을 죽이고 세자 방석을 몰아냈다.

1398년 8월 27일

조선 최초의 세자 방석이 경복궁의 서문인 영추문 앞에서 피살됐다. 같은 날 방석의 형 방번도 양화진에서 잠을 자다 피살됐다.

1398년 9월 5일

태조가 영안대군 방과에게 왕위를 넘겨주었다.

1398년 9월 10일

부엉이가 처음으로 《실록》에 등장한 날이다. 세자 방석이 죽은 지 열나흘 뒤 부엉이가 태조 이성계의 처소인 양정(지금의 경회루) 부근에서 심하게 울었다.

1399년(정종 1년) 2월 26일

정종이 종척과 공신을 모아 의논하여 다시 개성(송도)으로 환도하기로 결정했다.
"뭇 까마귀가 모여서 울고, 들 까치가 와서 깃들고, 재이災異가 여러 번 보였사오니 마땅히 수성修省하여 변變을 없애야 하고 또 피방避方하셔야 합니다."

1399년 3월 13일

태조 이성계가 옛수도에 돌아온 것을 부끄럽게 여겨 새벽이 밝기 전 시중侍中 윤환의 옛집에 이어하였다.
"내가 한양에 천도하여 아내와 아들을 잃고 오늘날 환도하였으니 실로 도성 사람들에게 부끄럽도다. 그러므로 출입을 반드시 밝지 않은 때에 해서 사람들로 하여금 보지 못하게 하여야겠다."

1399년 7월 29일

밤 사경(새벽 1시~3시)에 부엉이가 개성 수창궁 남쪽에서 심하게 울었다. 그리고 8월 2

일과 8월 8일 부엉이가 경복궁과 종묘에서 울었다.

1400년(정종 2년) 8월 21일
부엉이가 너무 심하게 울어, 중 열네 명을 정전에 데려다 《금강경》을 읽게 했다.

1400년 10월 15일
개성 부근에 있는 신암사에서 죽은 방석과 방번의 죽음을 위로하는 위령제를 지냈다.
그날 위령제를 올리던 법당에서 신암사의 주지가 갑자기 죽었다.

1400년 12월 22일
개성의 수창궁에서 큰불이 났다. 4년 뒤 수창궁이 완전히 불타버려 결국 한양으로 환
도하게 된다.

1401년(태종 1년) 1월 1일
이방원이 조선의 제3대 임금으로 취임했다.

1402년(태종 2년) 11월 5일
안변부사 조사의가 난을 일으켰다.

1402년 11월 27일
청천강을 건너던 반란군 다수가 얼었던 강이 갑자기 풀리는 바람에 물에 빠져 희생됐
다. 이 때문에 반란군의 사기가 크게 저하되어 군사들이 투항하거나 도망갔다.

1404년(태종 4년) 5월 15일
개성 시가지의 큰 우물이 우레처럼 울었다.
"서부 장대동에 있는 우물이 우레처럼 우니 물을 긷던 사람들이 놀라서 사방으로 흩어
졌다. 이와 같이 울기를 세 번이나 하였다."

1404년 10월 6일
동전으로 점을 쳐서 다시 한양으로 환도하기로 결정했다. 하지만 반대 여론이 만만치

않아 환도를 결정한 뒤 1년 만인 1405년 10월 11일 태조 이성계의 생일날 한양으로 왕실이 이전했다. 한양으로 이사와 이삿짐을 푼 곳은 연화방에 있는 개국공신 조준의 집이었다.

1405년(태종 5년) 4월 19일

삼사동(서울 금천과 안양 사이의 옛 지명) 구리정이란 우물에서 4일 동안이나 이상한 울음소리가 들렸는데 그 소리가 맷돌을 가는 것과 같았다.

1406년(태종 6년) 8월 13일

신덕왕후 강씨가 죽은 지 꼭 10년이 되는 날이며, 8월 27일은 방석의 기일이었다. 그해 여름 태종은 창덕궁 후원의 해온정解慍亭을 자주 찾았다. 해온이란 이름에는 원한을 풀라는 뜻이 담겨 있다. 태종은 8월 3일 "고故 세자 이방석을 추시追諡하여 소도군으로 삼고, 무안군 이방번을 공순군으로 삼는다"고 발표했다. 그해 8월 부엉이들이 유난히 태종의 거처에 자주 날아들었다.

1406년 9월 1일

태종이 음산한 기운이 가득한 경복궁과 창덕궁을 피해 성 밖으로 이어하려 하자 사간원에서 반대하는 글이 올라왔다. 태종은 "오늘날 야조野鳥가 집으로 들어오고 또 지붕 위에서 우니 심히 두렵다"고 말하며 도성을 벗어나려는 이유를 설명했다. 임금은 개성 유후사로 가려던 길을 바꿔 안암동 김식의 집으로 이어소를 정했다.

1408년(태종 8년) 5월 24일

창덕궁 광연루 별전에서 조선을 건국한 이성계가 승하했다. 태종은 아버지가 위독하다는 소식을 듣고 달려와 청심환을 드렸시만 끝내 삼키지 못하고 눈을 들어 아들을 두 번 쳐다보고는 숨을 거두었다. 시중을 들던 칠점선이라는 김해 출신의 관기가 아이를 낳자 화의옹주로 봉했는데, 죽은 신덕왕후의 질투심 때문에 태조가 풍을 맞고 죽었다는 말들이 돌았다.

1409년(태종 9년) 2월 23일

신덕왕후 강씨의 무덤인 정릉을 한양 한복판에서 사을한(성북구 정릉동) 산기슭으로 옮겼다. 혼유석을 들어 올리다 돌에 눌려 몇 명의 인부들이 다쳤다. 혼유석은 방치됐고 무덤을 둘렀던 병풍석들은 청계천을 건너는 광통교 주춧돌로 쓰였다. 무덤의 정자각 등은 명나라 사신을 접대하던 태평관의 누각을 만드는 데 쓰였고 무덤 주위에 있던 많은 나무들은 고위 관리들의 정자를 만드는 데 쓰였다.

1409년 4월 13일

태종은 정릉의 봉분을 자취도 알아볼 수 없게 하라고 지시하고, 또한 문인석 등 석인은 땅을 파고 묻는 것이 좋겠다고 말했다.

1409년 7월 24일

태종이 날씨가 음산하다는 이유로 술 마시는 것을 중지할 것을 명했다.

"약주藥酒를 정지할 것을 명하였으니, 음침한 요기妖氣가 있어 근심하였기 때문이다."

1409년 8월 11일

태종이 두 번째 양위파동을 일으켰다. 태종은 3년 전에도 세자 양녕대군에게 전위한다고 대궐을 한바탕 떠들썩하게 한 적이 있었다. 신덕왕후의 기일 무렵이 되면 태종의 마음은 심하게 요동쳤다.

1410년(태종 10년) 3월 15일

태종이 한양에서 개성으로 떠났고, 이틀 뒤 처남인 민무구와 민무질에게 자진하라는 명을 내렸다. 태종은 끊임없이 주위 사람들을 의심했다.

1411년(태종 11년) 1월 26일

태백성이 낮에 3일 동안 나타나고, 부엉이가 밤에 창덕궁 서쪽 모퉁이에서 울어 제사를 지내게 했다.

"지난번에 부엉이가 정전에서 울기에 동문 밖으로 피하였는데 지금 정월에 또다시 우니 제사를 지내어 기양함이 좋겠다."

1411년 8월 12일

신덕왕후가 죽은 지 15년 만에 무덤이 새롭게 단장됐다. 그날 정릉에는 승도들이 가득했으며, 중들은 여인의 한을 풀기 위해 《금강경》을 낭독했다.

1412년(태종 12년) 2월 15일

청계천을 파는 공사가 끝났다. 장의동에서 종묘동까지 문소전과 창덕궁의 문 앞을 모두 돌로 쌓았고 광통교, 혜정교 등의 돌다리를 만들었다. 약 75일 동안 5만 명의 백성들을 농한기에 징발해 공사를 마무리하였다. 이 기간 동안 64명이 병들거나 다쳐서 죽었다.

1412년 4월 2일

경회루가 완공됐다. 경회루라는 이름은 하륜이 지었다. 경회루의 연못은 남북 113미터, 동서 128미터 규모이다.

1413년(태종 13년) 5월 16일

박자청의 감독하에 종루에서 경복궁(서북지역), 창덕궁에서 종루(동북지역), 숭례문 안과 밖(남쪽지역)에 행랑 1,360칸을 만들었다. 이렇게 해서 한양은 7년 만에 수도의 면모를 갖추게 되었다.

1413년 6월 2일

태종이 창덕궁에서 경복궁으로 이어했다. 그런데 그달 28일 새벽에 태종은 수행하는 신하들을 물리치고 어디론가 말을 타고 달려 나갔다. 여름 내내 비가 오지 않자 답답한 마음에 말을 타고 홀로 길을 나선 것이다.

1413년 7월 1일

상왕 정종의 생일인 이날 태종은 신하들을 모아놓고 경회루에서 큰 잔치를 베풀었다. 그날 밤 연회를 마치고 돌아가던 풍산군 심귀령이 갑자기 쓰러졌다. 그 뒤로 상산부원군 강계권, 참찬의정부사 최유경, 월천군 문빈 등이 잇따라 숨을 거두었다.

258

1413년 7월 20일

관악산에서 몰려오는 드센 기운을 누그러뜨리기 위해 좌정승 하륜 등이 남대문에서 용산까지 운하를 팔 것을 주장했다. 박자청은 1만 명이 한 달만 공사에 매달린다면 멋진 운하가 건설될 것이라 주장했지만 임금은 심사숙고한 끝에 백성들이 감당할 공역이 너무 많다는 이유로 운하 건설을 포기했다.

1413년 7월 29일

경복궁에서 다시 창덕궁으로 환궁했다. 태종은 창덕궁으로 환궁한 뒤 갑자기 한양을 33일 동안 비웠다.

1415년(태종 15년) 7월 12일

경복궁 융문루 지붕에서 밤 사경에 부엉이가 슬피 울었다. 처남인 민무구와 민무질을 죽인 태종은 남아 있던 두 명의 처남 민무회와 민무휼을 귀양 보냈다.

1416년(태종 16년) 1월 13일

태종은 신하들의 요구를 받아들여 민무회와 민무휼을 자결하게 했다.

1418년(태종 18년) 2월 4일

태종이 가장 사랑했던 아들 성녕대군이 머리카락이 빠지고 얼굴에 물집이 생기는 고통을 겪다 열흘 만에 죽었다.

1418년 2월 13일

태종이 한양을 떠나 개성 유후사에 머물렀다. 임금은 유후사에 정부 육조 해당 관사를 설치하게 했다. 오래 머물 생각이었다. 태종은 한양에 흉한 기운이 강해 성녕대군이 죽었다고 생각했다.

1418년 8월 10일

태종이 아들 충녕대군에게 왕위를 물려주었다. 이날 세종의 즉위식이 경복궁 근정전에서 있었다.

1419년(세종 1년) 11월 23일

상왕 태종이 영의정에게 포천과 풍양에 이궁을 지을 뜻을 전했다.

"근일에 부엉이가 와서 우는데, 내가 괴이하다고는 생각하지 않지만 궁을 떠나 피해 있는 것은 예부터 있는 일이다. 《운회韻會》라는 책에서 유鵂(올빼미)자를 풀이하기를 '유는 새 이름인데 울면 흉하다' 하였으니, 나는 피해 있고자 한다. 개경 같은 데는 물을 건너야 하고 또 길이 멀어서 내가 이어할 때 폐단이 많았다. 이제 포천 풍양에 집 10여 칸을 짓고 이곳을 내왕하면서 흉한 방위를 피하고자 한다."

1420년(세종 2년) 1월 2일

태종이 박자청을 불러 무악 명당에 신궁을 짓도록 명했다.

태종의 지시로 지은 것이 연희궁이었다. 더불어 태종은 연희궁 주변에 뽕나무를 많이 심어 귀신들이 접근하지 못하게 하라고 지시했다.

1420년 5월 27일

대비 원경왕후가 학질을 앓기 시작했다.

1420년 6월 6일

식사도 거르면서 어머니 병간호에 전심전력을 다했던 세종이 어머니 원경왕후의 거처를 개성으로 옮겼다.

"대비를 모시고 개경사에 가서 피병避病하는데, 술사둔갑법을 써서 시위를 다 물리치고 밤에 환관 2인, 시녀 5인, 내노 14인만 데리고 대비를 견여肩輿로 모시어 곧 개경사로 향하니 밤이 이미 삼경이라, 임금과 대비가 절에 머문 지 나흘이 지나도록 두 사람의 행방을 알지 못했다."

1420년 6월 10일

세종이 대비를 모시고 도가道家의 중 해순에게 먼저 둔갑술을 행하게 하여 풍양 오부의 집으로 향하다 길을 잘못 들어 다른 집에 이르렀다. 집이 심하게 좁고 누추해 며칠 머물렀는데 대비의 병이 낫지 않았다.

1421년(세종 3년) 5월 7일

세종이 창덕궁 궁인 중 병자가 많아 중궁과 함께 경복궁으로 옮겼다. 앞서 임금이 경회루 동쪽에 작은 별실 두 칸을 짓게 했는데, 기둥이나 주춧돌이 없는 풀로 덮은 초가에 지내면서 검소함을 신하들에게 보였다.

1422년(세종 4년) 3월 21일

천달방泉達坊의 신궁新宮이 이루어졌다. 태종이 가서 구경하고 유숙하였다.

1422년 5월 8일

변계량의 말을 듣고 태종이 임종할 자리인 연화방 신궁을 만들었다. 이틀 뒤인 5월 10일 태종이 연화방에서 승하했다. 그리고 3일 동안 비가 내렸다.

1431년(세종 13년) 8월 18일

세종이 승지 김종서에게 말했다. "내가 풍질을 얻은 까닭을 경은 반드시 알지 못할 것이다. 저번에 경복궁에 있을 적에 그때가 바로 한창 더운 여름철이었는데, 한낮이 되어 잠시 이층에 올라가서 창문 앞에 누워 잠깐 잠이 들었더니, 갑자기 두 어깨 사이가 찌르는 듯이 아팠는데 이튿날에는 다시 회복되었더니 4, 5일을 지나서 또 찌르는 듯이 아프고 밤을 지나매 약간 부었는데 이 뒤로부터는 때 없이 발작하여 혹 2, 3일을 지나고 혹 6, 7일을 거르기도 하여 지금까지 끊지 아니하여 드디어 묵은병이 되었다."

1434년(세종 16년) 7월 1일

장영실이 만든 새로운 물시계로 시간을 알렸다. 장영실은 원래 동래현의 관노인데 성품이 온순하고 성실해서 공장工匠 일을 맡았다. 그때 그가 만든 새로운 물시계의 시계 누각이 바로 보루각이다. 목각인형이 종과 북, 징소리를 내며 정확하게 시간을 알리면 경회루의 남문과 영추문에서도 시간을 알리는 북을 치고, 광화문의 북을 맡은 자도 전하여 북을 쳤다.

1436년(세종 18년) 윤6월 13일

경복궁 근정전 주위에 이상한 기운이 돌았다.

"집현전 수찬 김순이 홀로 본전에 있다가 해가 돋을 무렵에 근정전을 바라보니 그 옥상에 연기도 아니고 구름도 아닌 기운이 있었는데, 그 형상이 마치 둥근 기둥과 같은 것 두 개가 짙은 청색과 엷은 흑색으로서, 하늘을 찌를 듯이 서있다가 곧 흩어져 소멸되었다."

1441년(세종 23년) 7월 25일

전날 세자빈 권씨가 자선당에서 원손을 낳고 죽자 세종이 동궁터가 불길하다며 세자가 거처할 동궁을 따로 지을 뜻을 밝혔다.

1446년(세종 28년) 3월 24일

왕비 소헌왕후가 수양대군의 제택에서 죽었다. 경복궁의 흉한 기운을 피해 수양대군 사저에서 요양하다 숨을 거둔 것이다.

1450년(세종 32년) 2월 4일

세종의 병이 중해 경복궁을 나와 영응대군 이서의 집으로 거처를 옮겼다. 그리고 2월 17일 영응대군의 집에서 세종이 승하했다. 역대 임금들 가운데 가장 오랫동안 경복궁에서 생활했던 세종은 궁궐의 억센 기운 때문에 풍을 맞고 서른 가지가 넘는 병에 시달리다 죽었다.

1452년(문종 2년) 5월 14일

문종이 경복궁 강녕전에서 등창으로 고생하다 숨을 거두었다. 죽기 전 은침으로 종기를 터트려 고름을 두서너 홉 짜냈는데 그것이 오히려 생을 단축시켰다. 30년 동안 경복궁 동궁에서 세자 생활을 했던 터라 문종의 몸은 이미 망가질 대로 망가진 상태였다.

1453년(단종 1년) 9월 13일

부엉이가 경복궁 근정전에서 울었다. 그리고 3일 간격으로 부엉이가 경복궁 근정전과 사정전, 동궁에서 울었다. 그리고 약 한 달 뒤 계유정난이 일어났다.

1453년 10월 10일

수양대군이 군사를 일으켜 황보인, 김종서 등 단종을 보필하던 고명대신들을 죽였다.

1456년(세조 2년) 6월 26일

경복궁 동문 건춘문에 갑자기 벼락이 쳐서 궁문을 지키던 갑사 김장수가 벼락에 맞아 죽었다. 그는 계유정난에 공을 세워 말 세 필을 받았던 인물이다. 5일 전 단종의 복위를 계획했던 집현전 학자들이 김질의 변절로 발각돼 궁궐 안과 밖에서 고문을 받고 죽어나가던 무렵이었다. 세조는 두려운 마음에 해괴제를 지내게 했다.

1457년(세조 3년) 8월 4일

경복궁이 무서워 중궁과 세자가 대궐로 들어오지 않자 세조는 용맹한 양정 등을 대동하고 중궁과 세자를 경복궁으로 이어시켰다.

1457년 9월 2일

세조의 장남인 의경세자가 숨을 거두었다. 다음 날 세조는 차남인 해양대군(예종)과 의경세자의 장남인 원손에게 경복궁에서 멀리 떨어져 있으라 지시했다. 그리고 단종의 모후인 현덕왕후의 신주를 종묘에서 철거했다.

1461년(세조 7년) 11월 1일

왕세자빈 한씨(장순왕후로 추존)가 병들어 임금이 중궁과 왕세자와 더불어 창덕궁으로 이어했다. 다음 날 밤에 후원에서 화포를 쏘도록 명하였다.

1461년 11월 30일

왕세자빈 한씨가 동궁의 험한 기운을 피해 안기의 집에서 인성대군을 낳았다.

1461년 12월 5일

왕세자빈 한씨가 인성대군을 낳은 지 5일 만에 안기의 집에서 죽었다. 죽은 여인의 시신이 궁궐 안으로 들어오는 것을 한씨의 아버지 한명회가 반대했다. 그래서 산후 조리를 하던 안기의 집을 빈전으로 삼았다.

1462년(세조 8년) 2월 11일

아들과 며느리가 경복궁 동궁에서 죽자 세조는 왕비와 함께 새로운 동궁 자리를 살펴보았다. 그해 10월 새로운 동궁이 건설됐다.

1463년(세조 9년) 10월 24일

인성대군이 세 살이라는 어린 나이에 죽었다. 풍질을 앓아 이틀 전 궁을 나가 윤사윤의 집에서 요양했지만 곧 사망했다.

1468년(세조 14년) 5월 27일

환관 백충신이 경복궁 교태전에서 벼락을 맞아 죽었다. 모두 무서워 떠는데 그 옆에 있던 자산군(성종)이 죽은 내시의 시신을 만져보자 세조가 자산군의 담력을 칭찬했다.

1468년 8월 18일

죽음을 앞둔 세조가 풍수와 역학에서 자신이 최고라 자랑하던 안효례와 최호원을 상대로 귀매들이 자주 나타난다는 창덕궁 후원에서 귀신놀이를 했다.

1468년 8월 26일

세조가 거처를 수강궁으로 옮겼다.

1468년 9월 7일

세조가 아들 예종에게 왕위를 물려주고 승하했다.

1469년(예종 1년) 12월 17일

예종의 시신을 보관하던 빈전을 경복궁 충순당에서 경복궁 동궁으로 옮겼으며, 경희전에 있던 세조의 혼전도 경복궁 동궁으로 옮겼다.

1476년(성종 7년) 4월 15일

세조의 왕비인 대비 정희왕후가 단종의 모후인 현덕왕후와 관련된 교명이나 죽책을 모두 불태우게 했다.

1483년(성종 14년) 3월 30일

온양에서 병을 치료하던 정희왕후가 한양으로 올라오던 중에 죽었다.

1484년(성종 15년) 9월 27일

창경궁이 완성됐다. 1483년 3월 3일 상량식을 거행한 뒤 1년 6개월 만에 조선 왕실의 새로운 궁궐이 만들어진 것이다. 효성이 지극했던 성종이 당시 생존해 있던 할머니 정희왕후와 어머니 소혜왕후 그리고 숙모 안순왕후를 위한 공간을 마련한 것이었다.

1486년(성종 17년) 11월 10일

경연 자리에서 임금과 신하들이 도성 안에 나타나는 귀신에 대한 이야기를 나눴다. 특진관 예조판서 유지가 아뢰었다. "성안에 요귀妖鬼가 많습니다. 영의정 정창손의 집에는 귀신이 있어 능히 집 안의 기물을 옮기고, 호조좌랑 이두의 집에도 여귀女鬼가 있어 매우 요사스럽습니다. 대낮에 모양을 나타내고 말을 하며 음식까지 먹는다고 하니, 청컨대 기양하게 하소서."

1486년 11월 25일

임금이 승정원에 호조좌랑 이두의 집에 여귀가 있는지 확인하라 지시했다. "신의 집에 9월부터 과연 요귀가 있어서, 혹은 나타나기도 하고 혹은 자취를 감추기도 하며 창문 종이를 찢기도 하고 불빛을 내기도 하며 기와나 돌을 던지기도 하는데, 사람이 부딪혀도 다치는 일은 없으나 다만 신의 아내는 귀신과 부딪혀 다쳐서 피가 났습니다. 종들이 말하기를, '귀신이 사람과 말을 하기를 사람과 다름이 없고, 비록 그 전신은 보이지 아니하나 허리 밑은 여자의 복장과 방불한데 흰 치마가 남루하다'고 합니다."

1506년(중종 1년) 9월 24일

연산군의 아들인 폐세자 이황(10세), 창녕대군 이성(9세), 양평군 이인(4세), 이돈수(1세)를 사사賜死했다.

1506년 11월 2일

연말에 행하던 불놀이와 산디놀이를 하지 못하게 했다.

1506년 11월 6일

연산군이 강화도 유배지에서 죽었다.

1507년(중종 2년) 1월 12일

중종이 "지난 밤 독서당 주변에 붉은 기운이 심했다는데 사실인가?"라고 묻자 승정원
에서 "그렇습니다. 그런데 지난밤뿐 아니라 그믐날에도 이런 일이 있었습니다. 그날은
자못 심해 독서당 주변 지역에 산불까지 났다고 합니다"라고 답했다.

불꽃놀이를 즐겼던 연산이 귀신이 되어 도성에 출몰한다는 소문이 돌던 시기였다. 이
후에도 사관은 폐주의 저주라 불리던 붉은 기운의 출현을 여러 차례 기록하고 있다.

1511년(중종 6년) 5월 9일

경복궁 문소전에 기이한 짐승이 나타났다.

"밤에 개 같은 짐승이 문소전 뒤에서 나와 앞 묘전으로 향하는 것을, 문소전을 지키는
자가 괴이하게 여겨 쫓으니 서쪽 담을 넘어 달아났다. 명하여 몰아서 찾게 하였으나 얻
지 못하였다."

1513년(중종 8년) 2월 28일

중종이 종묘에서 제사를 지내고 있을 때, 갑자기 천둥번개가 치면서 종묘 앞의 소나무
두 그루가 번개에 맞아 불탔다. 신하들은 노산군의 모후 현덕왕후의 신주가 종묘에서
철거된 것에 대한 여인의 한이 깊어 이런 변이 일어난 것이라고 말했다.

1513년 3월 12일

중종이 현덕왕후의 무덤인 소릉을 복원하라고 지시했다.

1513년 4월 21일

현덕왕후의 시신이 남편 문종 옆에 묻혔다. 사관은 "종묘 소나무에 벼락이 친 뒤 한을
품은 여인은 원을 풀었다"고 기록하고 있다.

1514년(중종 9년) 10월 15일

중종이 숙의 나씨가 피접 나갈 때 타고간 교자를 불태우도록 전교했다.

열흘 전, 중종의 후궁인 숙의 나씨가 아이를 낳다가 친정으로 피접가면서 사망한 일이 벌어졌다. 그런데 나씨가 탄 가마에서 밤마다 여인과 아이의 울음소리가 난다고 궁녀들이 소란을 피운다는 보고를 받고 임금이 이런 조치를 취한 것이다.

1515년(중종 10년) 윤4월 21일

나흘 전인 4월 17일, 대비가 귀신을 보고 놀라 경복궁에서 창덕궁으로 이어한 일 때문에 궁궐 분위기가 뒤숭숭했다. 홍문관 부제학 신상이 "장님과 무당이 궁궐에서 푸닥거리를 하고 포를 쏘며 부적과 주술을 써서 귀신을 쫓는다고 난리이니 이것은 귀신에 부림을 당하는 일입니다"라고 임금에게 글을 올렸다. 그러자 임금은 요괴에게 놀란 궁인 가운데 즉사한 사람도 있어 포를 쏘며 귀신을 쫓았다고 말했다.

1527년(중종 22년) 6월 17일

승정원이 소라 부는 갑사의 가위눌린 꿈을 아뢰었다.

"간밤에 소라 부는 갑사 한 명이 꿈에 가위눌려 기절하자, 동료들이 놀라 일어나 구료하느라 떠들썩했습니다. 그래서 제군이 일시에 일어나서 보았는데 생기기는 삽살개 같고 크기는 망아지 같은 것이 취라치(군중에서 소라를 부는 취타수의 하나) 방에서 나와 서명문을 향해 달아났습니다. 그리고 서소위부장의 첩보에도 '군사들이 또한 그것을 보았는데, 충찬위청 모퉁이에서 큰 소리를 내며 서소위를 향하여 달려왔으므로 모두들 놀라 고함을 질렀다. 취라치 방에는 비린내가 풍기고 있었다' 했습니다."

1530년(중종 25년) 7월 16일

대비전이 경복궁으로 이어했다. 대전, 중궁전, 세자빈이 이때 함께 이어했고 세자가 제일 나중에 이어했다. 대비가 거처하는 침전인 창경궁 통명전에서는 대낮에 괴물이 창문을 마구 두드리는가 하면 요사한 물건으로 희롱하기도 했다. 임금이 곁에 모시고 있지 않을 때는 못하는 짓이 없이 마구 난타했으므로 이어한 것이다.

1530년 8월 22일
성종의 계비이자 중종의 생모인 정현왕후가 경복궁 동궁에서 승하했다.

1532년(중종 27년) 5월 21일
금군禁軍이 밤에 놀랐다. 어떤 자가 망령된 말로 "말같이 생긴 괴물이 나타나 이리저리
치닫는다"고 하자, 금군들이 놀라 소리치면서 소동을 피웠다.

1545년(인종 1년) 6월 27일
사시에 벼락이 쳤다. 경회루의 여덟 기둥이 모두 부서졌는데, 서쪽의 한 기둥이 더욱
심하게 부러졌다. 나무 조각이 못 위에 뜨고 불빛이 타오르는 듯하였다.

1545년 7월 1일
인종이 즉위한 지 아홉 달 만에 청연루 아래 세 칸짜리 작은 침실에서 승하했다.

1545년 7월 2일
소렴이 끝나고 전례를 지냈으며, 밤에 한양에서는 소동이 일어났다.
사관은 이렇게 전한다. "상께서 승하하시던 날에 경중京中 사람들이 스스로 경동驚動하
여 뭇사람이 요사한 말을 퍼뜨리기를 '괴물이 밤에 다니는데 지나가는 곳에는 검은 기
운이 캄캄하고 뭇 수레가 가는 듯한 소리가 난다' 하였다. 서로 전하여 미친 듯이 현혹
되어 떼를 지어 모여서 함께 떠들고 궐하로부터 네거리까지 징을 치며 쫓으니 소리는
성안을 진동하고 인마人馬가 놀라 피해 다니는데 순졸이 막을 수 없었다. 이와 같이 3
~4일 계속된 후에 그쳤다."

1575년(선조 8년) 1월 2일
명종의 왕비인 인순왕후 심씨가 창경궁 통명전에서 숨을 거두었다.

1575년 1월 10일
인순왕후의 빈전을 통명전에서 문정전으로 바꾸었다. 인순왕후가 통명전 귀매에 놀라
숨을 거두었다는 말들이 돌아 빈전을 옮긴 것이다.

1615년(광해 7년) 3월 9일

광해군이 10일부터 연이틀 동안 대궐 안 동궁에 방포할 것을 군기시에 명했다. 이때 궁내에 요변妖變이 있었기 때문에 화포를 놓아 진압한 것이다. '요변'이란 궁녀들끼리 서로 미쳐 날뛰다가 목 졸라 죽인 일을 말하는 것이었다.

1618년(광해 10년) 5월 16일

형조판서 조정이 궁궐 공사가 과하니 중지시켜 달라고 청하자 광해군이 공사를 중지할 수 없는 이유를 설명했다.

"경운궁 요귀의 재앙 때문에 창덕궁으로 이어했는데, 지금 창덕궁에서 요괴스런 변고 가 또 일어났다. 그래서 이제 창덕궁을 떠나고 싶은데 가면 어디로 간단 말인가? 그러 니 신하들은 임금의 거처를 빨리 완성하도록 힘써 달라. 경덕궁을 빨리 짓기 바란다."

1633년(인조 11년) 7월 25일

인조가 머물던 창덕궁 인정전에 벼락이 떨어져 기둥 네 개가 부러지자 서둘러 창경궁 통명전으로 이어했다. 놀란 인조는 침을 십여 대 맞고 완쾌되었다.

1635년(인조 13년) 12월 5일

인조의 첫째 왕비 인렬왕후 한씨가 왕자를 낳았는데 그날 바로 왕자가 죽었다.

1635년 12월 9일

인렬왕후 한씨가 대군의 죽음으로 병이 위독해져 나흘 만에 산실청에서 승하했다. 대 렴이 끝난 뒤 시신을 재궁에 안치했는데 재궁 뚜껑에 틈이 생기는 이변이 일어났다.

1664년(현종 5년) 12월 18일

현종이 희정당에서 침을 맞았다. 이때 약방 도제조 허적이 아뢰기를 "삼가 듣건대, 자 전께서 계시는 곳 통명전에 귀매의 변이 있는데, 대궐 안의 다른 곳으로 옮기시는 것이 어떻겠습니까?" 하니, 임금이 이르기를 "오래전부터 옮기려고 하였으나 자전께서 따르 지 않으신다" 하였다.

1666년(현종 7년) 7월 18일

현종이 신하들과 궐내의 요변에 대해 논의했다.

임금이 말하길 "자전(인선왕후)께서 거처하시는 통명전 근처에 돌덩이가 날아오거나 의복에 불이 붙거나 궁인의 머리카락이 잘리는 등의 일이 자주 있는데, 궁인들이 거처하는 곳은 더욱 심하다. 이치로 미루어보면 넓은 집이 오랫동안 비어 있었고 또 이곳이 여인들이 모여 사는 곳이므로 순음(억울하게 죽은 처녀들의 기운)이 많이 모여 요사스러운 재앙이 생긴 것 같다"고 했다.

1667년(현종 8년) 윤4월 18일

현종이 인선왕후를 위해 경복궁터에 궁을 새로 짓는 것을 논의했다.

"근래 궁중에 귀신의 변괴가 많았는데 자전께서 계시는 곳이 더욱 불안했으므로 지난번 경덕궁에 받들어 모셨다. 그러나 자전께서 창경궁을 계속 폐지해둘 수 없다고 하시며 다시 통명전으로 옮기셨는데 변괴가 여전하다. 그래서 경복궁 옛터에 간단하게 궁을 지으면 어떨까 한다."

1674년(현종 15년) 2월 23일

통명전 귀신들에게 오랫동안 시달렸던 인선왕후 장씨가 숨을 거두었다.

효성이 지극했던 현종은 인선왕후가 통명전을 벗어나 온천 행궁으로 가면 그곳에 따라가 봉양했다. 하지만 신하들이 그것을 만류해서 한때 군신 사이에 냉기류가 형성되기도 했다. 인선왕후는 자신이 귀신 때문에 거처를 옮긴다는 좋지 않은 소문이 날까 두려워 흉흉한 통명전을 떠나지 않고 다만 온천 행궁을 자주 다녔다.

1680년(숙종 6년) 7월 22일

숙종의 첫째 왕비 인경왕후가 아이의 출산을 앞두고 시어머니 명성왕후의 보살핌을 받기 위해 창경궁 통명전에 있었는데 이날 갑자기 왕비에게 유산기가 있었다.

1680년 7월 24일

인경왕후가 도깨비를 보고 놀라 결국 유산했으며, 왕대비 명성왕후가 다른 곳으로 옮겨 거처할 것을 청했다.

"궁궐에 최근 불행한 일이 있었다. 내가 놀라 여러 차례 거처를 옮기라 권했지만 대전에서는 불가하다는 말만 반복했다. 약방 도제조는 나의 우려를 임금에게 전해 속히 왕비와 함께 이어할 것을 청하라."

사관은 이렇게 전한다. "밖에서는 무슨 재앙이 있는지 알지 못했는데, 혹자는 귀신의 변고가 있었다고 하며, 그때 내전에 여러 달 동안 포태의 징후가 있었는데 침전에서 도깨비를 보고 놀란 나머지 하혈하고 낙태한 사고라고 전한다."

1687년(숙종 13년) 9월 13일

자의대비가 만수전이 불타는 바람에 통명전으로 이어했다.

자의대비는 1638년 열다섯 어린 나이에 인조와 가례를 올렸으나, 1644년 통명전에서 풍을 맞아 44년 동안 누워 지냈다.